O Brasil à procura da democracia

# O Brasil à procura da democracia
## Da proclamação da República ao século XXI (1889-2018)
**Newton Bignotto**

© Newton Bignotto, 2020
© Bazar do Tempo, 2020

Todos os direitos reservados e protegidos pela
Lei nº 9610 de 12.2.1998. É proibida a reprodução total
ou parcial sem a expressa anuência da editora.

Este livro foi revisado segundo o Acordo Ortográfico da
Língua Portuguesa de 1990, em vigorno Brasil desde 2009.

EDITORA Ana Cecilia Impellizieri Martins

COORDENAÇÃO EDITORIAL Catarina Lins

COPIDESQUE Elisabeth Lissovsky

REVISÃO Marília Carreiro e Danilo Marques

PROJETO GRÁFICO Thiago Lacaz

IMAGEM DA CAPA "The New Brazilian Flag #2", Raul Mourão

IMAGEM DO VERSO "Proclamação da República", Benedito Calixto

CIP-Brasil. Catalogação na Publicação
Sindicato Nacional dos Editores de Livros, RJ

---

Bignotto, Newton (1957- )
O Brasil à procura da democracia: da proclamação
da República ao século XXI (1889-2018) / Newton Bignotto.
Rio de Janeiro: Bazar do Tempo, 2020. 264 p.
ISBN 978-65-86719-21-5
1. Ciência política. 2. Democracia – Brasil. 3. Brasil – Política
e governo, 1889-2018. I. Título.
20-65375   CDD 320.981   CDU 32(81)"1889/2018"

---

Leandra Felix da Cruz Candido, bibliotecária CRB 7/6135

ᘯ BAZAR DO TEMPO
Produções e Empreendimentos Culturais Ltda.
Rua General Dionísio, 53, Humaitá
22271-050 Rio de Janeiro RJ
contato@bazardotempo.com.br
bazardotempo.com.br

*Para Hugo Amaral*

"As palavras mágicas Liberdade, Igualdade e Fraternidade sofreram a interpretação que pareceu ajustar-se melhor aos nossos velhos padrões patriarcais e coloniais, e as mudanças que inspiraram foram antes de aparato do que de substância. Ainda assim, enganados por essas exterioridades, não hesitamos, muitas vezes, em tentar levar às suas consequências radicais alguns daqueles princípios. Não é, pois, de estranhar, se o ponto extremo de impersonalismo democrático fosse encontrar seu terreno de eleição em um país sul-americano."

Sérgio Buarque de Holanda, *Raízes do Brasil*

**Agradecimentos**

Os capítulos deste livro foram apresentados sob a forma de conferências no primeiro semestre de 2019 em Paris, a convite da École des Hautes Études en Sciences Sociales, a qual agradeço pela oportunidade ímpar de poder conviver com colegas e alunos atentos e críticos às ideias que apresentei durante minha estadia na França. De alguma maneira, o texto guarda a marca dessa origem, ainda que tenha sido bastante alterado para esta publicação. No processo de investigação do tema, Gilles Bataillon teve um papel decisivo, não apenas por ter me acolhido no seio da instituição francesa, mas por ter me incentivado a tratar do conjunto de autores e temas que compõe esse escrito em torno do sinuoso percurso das ideias democráticas no Brasil. No curso da pesquisa, pude contar com a ajuda e a amizade de Heloisa Starling. Usufruir de sua presença e de seu grande conhecimento da história brasileira me ajudou decisivamente no momento de mergulhar no universo do pensamento brasileiro. Suas indicações foram preciosas para selecionar autores e publicações que deviam ser estudados, processo que, de outra forma, teria exigido um enorme esforço de minha parte. Também nesse sentido, Hugo Amaral, professor que há décadas tem sido uma referência e uma fonte de inspiração, acolheu minhas demandas e ajudou-me a superar deficiências, com seu enorme conhecimento do pensamento político ocidental e brasileiro.

Sem sua amizade e socorro, meu trabalho teria esbarrado em obstáculos quase intransponíveis.

Ao longo dos anos, a amizade fraterna de Francisco Gaetani tem sido um esteio fundamental na caminhada, por vezes áspera, pelo cotidiano brasileiro. Esse verdadeiro mestre na "arte de governar" fornece um contraponto prático importante para abordagens por demais teóricas dos problemas atuais, que costumam povoar a mente dos estudiosos da filosofia. Seus conhecimentos da administração pública foram um guia importante para o esclarecimento dos rumos que a vida política nacional tomou no passado e segue no presente. Ficam aqui meus agradecimentos mais sinceros por uma convivência que já dura décadas.

Adauto Novaes tem sido um amigo e parceiro intelectual imprescindível. Com sua grande sensibilidade às mutações do mundo contemporâneo, ele serve como uma bússola no meio de uma tempestade que nunca desiste de escrutar e de tentar desvendar os rumos.

É um privilégio poder contar com a amizade e o apoio de intelectuais que são referências importantes para mim e para o país. Helton Adverse e Gabriel Pancera são companheiros, estudiosos de filosofia política e do Renascimento italiano, com os quais partilho investigações, apreensões e análises que trazem para o cotidiano uma lufada de inteligência e lucidez. Também nesse sentido sou grato a Sérgio Cardoso, Alberto de Barros, Maria das Graças Souza, Marcelo Jasmin, Fabrina Magalhães, Luís Falcão e a todos os membros do Grupo de Trabalho de Ética e Política no Renascimento da Associação Nacional de Pós-Graduação em Filosofia (Anpof), com os quais tenho passado momentos intensos de convívio e discussões sobre temas que nos apaixonam.

Na época convulsionada que estamos vivendo, discussões sobre a atualidade ocorrem com frequência no espaço da amizade, muitas vezes em torno de uma boa mesa. Sou grato a Vitória Dias, Levi Carneiro, Andrea Aguiar, Aldo Procacci, Thiago

Hasselmann, Marcela Silviano Brandão, Musso Greco, Lucíola Freitas de Macedo, Ram Mandil, Jésus Santiago, Sérgio Alcides, Cacá Brandão, Bernardo Jefferson de Oliveira, Sônia Lansky, Lise Tiano, Jean Laloum e muitos outros.

Janete e Francisco são as fundações mais profundas de minha existência. Sem eles, não apenas o trabalho de confecção deste livro teria sido muito mais difícil, mas a vida, nesses tempos sombrios, não faria sentido. A eles minha gratidão ilimitada por tudo o que representam para mim.

# Sumário

**Introdução**
Um difícil começo  15

**A Primeira República (1889-1930)**
Uma república sem democracia  31

*As últimas décadas antes do fim*  33
*O surgimento da República*  37
*O fracasso da fundação de uma nova ordem política*  40
*Pensar de forma diferente o surgimento
da República no Brasil*  53
*Dois pensadores da Primeira República:
Manoel Bomfim e Oliveira Viana*  59

**A Era Vargas e a Segunda República (1930-1964)**
O Brasil em direção à modernidade democrática  81

*O ovo da serpente*  83
*Os anos férteis (1930-1945)*  87
*A democracia tumultuosa e seus pensadores (1946-1964)*  118
*O fim de uma era*  142

**A Terceira República ou a era da esperança (1964-2010)**
A ideia democrática da ditadura militar aos governos Lula   147

*A resistência se organiza*   150
*A filosofia pensa a democracia*   163
*Os liberais, a democracia e a Constituição*   168
*As ciências sociais pensam a democracia*   171
*A democracia vista pelo "republicanismo"*   180
*"A esperança venceu o medo"*   192

**De Dilma a Bolsonaro: a crise da democracia
brasileira no século XXI (2010-2018)**
O destino de uma experiência de redução das desigualdades   201

*Tempos de ilusão*   203
*2013: o ano que não terminou*   206
*As ilusões caem: democracia em perigo ou guerra das facções*   214
*Rumo ao fascismo?*   233

**Conclusão**
Uma procura ainda em curso   245

*Referências bibliográficas*   249
*Sobre o autor*   263

# Introdução
## Um difícil começo

O Brasil viveu, desde a sua independência de Portugal em 1822 até a proclamação da República em 1889, sob um regime monárquico muito particular. Embora a colônia tivesse rompido com a matriz, a família real portuguesa conservou a coroa do novo império e transformou o Brasil em terra de expansão de seu poder global. Foi um período de relativa liberdade para as elites, formadas em grande parte por indivíduos educados na Europa, particularmente na Universidade de Coimbra, em Portugal, que disputavam entre si a preferência do imperador e tentavam ocupar o maior número de posições dentro do aparelho de Estado. Quanto ao resto da população, ou sofria as violências da escravidão, ou tinha que lutar para sobreviver em condições adversas. Na arena política, um grupo conservador disputava o poder com os liberais, sem que se possa realmente dizer quais eram suas diferenças. Talvez a tendência dos conservadores a defender uma maior centralização do Estado e a dos liberais, que defendiam a descentralização do poder, ao insistir em temas como maior liberalidade na economia, sirva de referência para distinguir os membros dos dois partidos.[1] Mas isso nem sempre valeu como baliza para mensurar a distância que separava as duas correntes políticas. Em certos momentos, as duas forças

1  L. M. Schwarcz; H. M. Starling, *Brasil: uma biografia*, p. 280.

se uniram para formar um Gabinete de Conciliação (1853-1857), o que embaralhava as cartas do jogo parlamentar. Tal estratégia serviu para fortalecer ainda mais o poder do monarca, que já detinha o Poder Moderador, que lhe assegurava o direito de veto sobre as decisões mais importantes. Essa prerrogativa era secundada pelas ações de uma elite muito homogênea, que não pensava de modo algum em transformar a realidade do país.[2]

Isso não significa que ideias relacionadas às tradições republicanas e democráticas não circulassem no Brasil. Em trabalho recente, a historiadora Heloisa Starling mostrou que desde o século XVII as ideias republicanas desempenharam papel importante na vida da colônia.[3] Em um primeiro momento, foram aquelas herdadas dos humanistas italianos do Renascimento que vieram à tona. Falava-se em participação nos negócios públicos, em bem comum, em autonomia. Temas que haviam sido forjados nos séculos XIV e XV na Itália faziam parte de discussões travadas entre escritores, prelados e, por vezes, eram usados em documentos oficiais. No século XVIII, o impacto das revoluções Francesa e Americana se fez sentir em várias cidades e regiões por meio da circulação de ideias nascidas no bojo das grandes transformações políticas da época. Isso ajudou a fomentar um clima insurrecional que mudou a história do país. A monarquia asfixiou as reivindicações republicanas e fez de tudo para estabilizar seu poder com base em instituições que garantiam a centralidade do poder do monarca e evitava todo tipo de contestação ao poder estabelecido. Mas é claro que nem sempre suas estratégias deram certo, e seu poder foi questionado, como mostra o grande número de revoltas que eclodiram no país ao longo dos anos de existência da Colônia e, depois, no Império.

2  Ibid., p. 281.
3  H. M. Starling, *Ser republicano no Brasil Colônia*.

Se as ideias democráticas circulavam pelo país, as reivindicações por mais igualdade e liberdade política estavam longe de dominar as discussões no Parlamento, que, no período imperial, só se reunia durante quatro meses por ano. O historiador José Murilo de Carvalho mostrou que o Brasil assistiu, no decorrer dos anos 1860, ao nascimento dos Clubes Radicais, nos quais se discutia um pouco de tudo o que era relacionado com a vida pública.[4] Com suas ações, que escapavam ao curso normal da vida política brasileira centrada nas atividades parlamentares e na imprensa, eles ajudaram na criação de uma arena de debates que fazia do espaço público o foco natural das disputas políticas. Como mostra o historiador, as mudanças defendidas pelos radicais estavam relacionadas com a agenda tradicional do liberalismo, que incluía desde a liberdade de associação, de culto religioso e de trabalho, até a afirmação do direito de livre expressão e de representação no seio de um sistema político que deveria convergir para o Federalismo.[5] Todos os que tiveram contato com esses clubes não eram necessariamente a favor da implantação de uma república no país, mas todos desejavam uma abertura do sistema de governo e a participação na vida pública, para além dos canais estreitos controlados pela monarquia. Os heróis teóricos dos radicais dos anos 1860 eram pensadores como Alexis de Tocqueville, François Guizot, John Stuart Mill. Sem constituírem um sistema de pensamento original, os radicais fizeram circular ideias suscetíveis de criar um clima de contestação do poder do imperador e de chamar a atenção, sobretudo da população urbana, para os muitos problemas que o país enfrentava.

A década seguinte assistiu ao crescimento da contestação. Muitos dos que tinham participado dos Clubes Radicais continuaram ativos na cena pública, mas surgiu uma nova geração de

4   J. M. de Carvalho, *"Clamar e agitar sempre": os radicais da década de 1860*.
5   Ibid., p. 50.

contestadores, que daria ainda mais impulso para o movimento de transformação da sociedade. Agora, sob a influência de pensadores como Herbert Spencer, Auguste Comte, Émile Littré, parte dos críticos da ordem conservadora começou a advogar mais abertamente em favor da instituição de uma "república democrática" nos moldes dos Estados Unidos da América. Outros, mais próximos do positivismo comtiano, pregaram a necessidade de estabelecer no país uma "ditadura republicana", única forma política capaz de garantir, segundo eles, a generalização da cidadania civil e política. Nesse contexto de críticas cada vez mais radicais ao sistema monárquico, era inevitável que a questão da escravidão viesse à tona e passasse a ocupar um lugar central nos debates e nas manifestações de rua. O Brasil parecia finalmente tomar consciência da difícil luta que deveria travar para aplicar os princípios caros ao republicanismo democrático em uma realidade forjada por séculos de submissão à Coroa portuguesa e construída sobre uma profunda desigualdade entre seus membros. Superar o crime da escravidão tornou-se a tarefa essencial de um país que aspirava a uma maior liberdade em todas as áreas da vida.[6] De maneira simplificada, podemos dizer que a oposição ao Império se organizou progressivamente em três frentes, que nem sempre convergiam nas suas ideias, mas que ameaçavam igualmente a monarquia: os abolicionistas, o exército e os republicanos.[7] Esses anos agitados conduziram o país às águas da república e da democracia, carregando consigo, no entanto, uma série de problemas que se tornariam barreiras poderosas contra a implementação dos generosos princípios que guiaram muitos atores políticos nas últimas décadas do século XIX.

6  A. Alonso, *Ideias em movimento: a geração 1870 na crise do Brasil-Império*, sobretudo o capítulo 3.

7  L. M. Schwarcz; H. M. Starling, op. cit., p. 302.

\* \* \*

O objeto deste livro é o percurso das ideias democráticas no Brasil durante o período republicano, do fim do século xix até os primeiros anos do século xxi. Falo aqui de ideias democráticas e não de conceitos de democracia, porque meu interesse está nos debates teóricos sobre a natureza dos regimes políticos, mas também nas representações do regime democrático, que influenciaram intelectuais brasileiros e também políticos e a imprensa em geral. Em resumo, o terreno dessa pesquisa é a arena pública em algumas de suas manifestações. O trabalho tem como objeto de estudo um número limitado de textos, centrados em momentos históricos precisos, pois não se está a escrever a história do pensamento democrático brasileiro, tarefa que resta a ser feita.[8] Também não vamos lidar com todas as fontes, como obras literárias e canções populares do século xx,[9] que poderiam ajudar na elaboração de um estudo mais completo. O campo de análise são os escritos de teoria política, de história, de sociologia e textos publicados em importantes jornais e revistas brasileiras. Ao limitar as fontes, estou ciente da parcialidade do trabalho, ao mesmo tempo em que acredito poder, desse modo, dar mais um passo em direção ao entendimento mais amplo da questão democrática no Brasil.[10]

---

8  Existe, por exemplo, uma história das ideias socialistas e um dicionário bastante completo da história do marxismo no Brasil, mas ainda falta um estudo abrangente sobre a questão da democracia. Ver L. Konder, *História das ideias socialistas no Brasil*; J. Q. de Moraes et al. (orgs.), *História do marxismo no Brasil*.

9  Para uma bibliografia bastante completa do pensamento político brasileiro, ver W. G. dos Santos, *Roteiro bibliográfico do pensamento político-social brasileiro (1870-1965)*.

10  Para dar uma indicação do trabalho que resta a fazer no campo da história das ideias, basta ver que, em uma obra dedicada ao pensamento

Antes de dar início a esse percurso, vale indicar alguns pontos de referência teóricos, que servirão de guia para as investigações. Não se trata de expor uma teoria completa da democracia, para então mostrar as supostas falhas dos pensadores brasileiros em suas formulações. O que interessa aqui são os pensadores brasileiros, suas relações com as ideias ligadas ao campo democrático, mas também como se deu sua inscrição no contexto histórico em que viveram e nos debates políticos que influenciaram diretamente a vida do país em diferentes momentos. Não interessa a comparação entre um modelo ideal de democracia e a maneira como a questão foi tratada pelos intelectuais brasileiros. Se precisamos de pontos de referência, é precisamente porque o percurso das ideias democráticas importa na sua concretude histórica e não como questão puramente teórica.

Poderíamos orientar nossos esforços tomando como referência definições aceitas por cientistas políticos para quem o regime democrático existe quando está aberto a todos através de eleições livres, organizadas a intervalos regulares, com regras claras e resultados transparentes para a sociedade, além, é claro, da afirmação da importância do sufrágio universal.[11] Essa definição mínima nos ajuda a entender as dificuldades que o Brasil tem experimentado para instituir um regime de liberdades. Levando em conta, no entanto, somente os parâmetros mencionados, seríamos conduzidos a concluir que o debate sobre a natureza da democracia e de suas instituições tem sido relativamente pobre entre os pensadores políticos brasileiros. Não acredito que essa conclusão seja verdadeira. Para realizar este estudo, preferi me deixar guiar por autores mais próximos da

político brasileiro, não há o verbete "democracia". Ver J. Feres Júnior (org.), *Léxico da história dos conceitos políticos do Brasil*.

11 Ver R. A. Dahl, *Poliarquia: participação e oposição*. Para a repercussão no Brasil, W. G. dos Santos, "Poliarquia em 3D".

tradição republicana, que tratam também da questão da democracia no mundo contemporâneo. Recorrerei, em particular, aos trabalhos de Hannah Arendt e Claude Lefort. Agindo dessa maneira, admito que a forma política da república em nossa época é a democracia. Nesse sentido, para mim não há razão para separar radicalmente o estudo dos dois conceitos.

Ao abordar o problema da democracia a partir de um aparato conceitual amplo, vemos que certos temas estiveram presentes no pensamento social e político brasileiro ao longo da história contemporânea do país, especialmente no esforço empreendido por intelectuais de tendências teóricas diversas, dedicados à compreensão da formação da identidade do país. Para ajudar a construir as ferramentas conceituais, utilizarei as formulações teóricas de Claude Lefort sobre a democracia. O que me interessa em sua reflexão é que, sem negar os méritos das definições liberais, ele afirma que o regime democrático é uma maneira de organizar a vida política e social que deixa vazio o lugar do poder, impedindo que seja ocupado permanentemente por grupos, partidos ou indivíduos particulares.[12] As referências principais para este trabalho apareceram em suas obras dos anos 1970 e 1980, nas quais ele apresentou os aspectos mais originais de suas teorias. Como apontou Gilles Bataillon, o importante é o fato de que:

> *sua intenção nunca foi de estabelecer um modelo ou uma definição normativa de democracia, mas muito mais questionar-se sobre a dinâmica ou processo ou, dizendo melhor, para retomar seus termos, a experiência, onde o observador e o pensador não podem se colocar acima do objeto de seu conhecimento.*[13]

12 C. Lefort, *L'invention démocratique*.
13 G. Bataillon, *Réflexions sur l'interprétation de la démocratie chez Claude Lefort*, p. 2.

Adotou-se este ponto de vista para evitar a ilusão de poder estudar as ideias democráticas dos pensadores brasileiros, colocando-nos acima deles e fora da história concreta do país. Pois, como observa Bataillon: "De fato para ele, é impossível confinar, como o desejam os partidários do liberalismo doutrinário, a democracia no único campo das instituições políticas ou a de processos de nomeação de líderes como o faz Schumpeter ou ainda a economia como o fazem muitos marxistas".[14] Isso não significa que os objetivos serão perseguidos sem enunciar as hipóteses teóricas. Pelo contrário, acredito que as pesquisas realizadas poderão ser bem-sucedidas se for usado simultaneamente um conjunto coerente de conceitos, que serviriam como um farol para a investigação, e se permanecermos abertos à riqueza das análises produzidas ao longo de 130 anos de história por pensadores de diferentes tendências.

O primeiro ponto de referência é quase consensual entre os estudiosos da democracia contemporânea. Trata-se da afirmação de Tocqueville de que o que mais o impressionou em sua viagem aos Estados Unidos foi "a igualdade de condições" entre os cidadãos. "Descobri", afirma o pensador, "sem dificuldade, a influência prodigiosa que exerce esse primeiro fato sobre a marcha da sociedade; ele dá ao espírito público certa direção, certo sentido às leis; aos governos, novas máximas e hábitos peculiares aos governados."[15] Para este texto, importa o fato de que a instalação de um regime democrático republicano na modernidade não pode prescindir de certa igualdade entre os habitantes do país. Como veremos, a persistência de desigualdades gritantes entre diferentes camadas da população brasileira desempenhou um papel negativo na trajetória política brasileira, fazendo com que o país oscile entre períodos de maior expansão das liberdades políticas e

14  Ibid., p. 3.
15  A. de Tocqueville, *De la démocratie en Amérique I*.

civis e regimes autoritários, que o devolvem a um estado de injustiça social que parecia ter sido deixado para trás. Esse é o quadro a ser analisado ao fim de nossa jornada, com as eleições de 2018.

Para os outros pontos de referência, seguirei Claude Lefort que, em um texto intitulado "Por uma sociologia da democracia",[16] propõe um conjunto de conceitos-chave que podem ajudar a realizar essa investigação. Entre os conceitos-chave, há, inicialmente, o conceito de igualdade, já referido, e que será central nessa abordagem, uma vez que o déficit de equalização das condições dos cidadãos brasileiros é uma marca indelével dos fracassos que acompanharam as experiências democráticas do último século. Mesmo se Lefort não o diz diretamente, é evidente que o conceito de igualdade está associado ao conceito de liberdade, sem o qual não podemos falar em regime democrático. Assim, o primeiro referencial teórico é o par **liberdade-igualdade**.

O segundo conceito é **comunidade**. O autor francês sempre insistiu que a democracia vai de par com uma maneira de organizar a unidade da nação em torno de símbolos, ideias e instituições que apontam para a identidade do corpo político,[17] Em nosso caso, desde o início da república, a busca das origens da nação, suas particularidades e originalidades têm desempenhado um papel essencial no desenvolvimento das ideias democráticas. Veremos que, com os "intérpretes do Brasil", esse tema ocupou um lugar relevante, marcando para sempre o pensamento político brasileiro.

O terceiro conceito é **autonomia**. Mesmo sabendo que o termo comporta certa ambiguidade, Lefort afirma que a busca pela autodeterminação no seu sentido mais amplo de autogoverno do povo é essencial numa democracia.[18] Levando em

---

16  C. Lefort, *Éléments d'une critique de la bureaucratie*, p. 323-348.
17  Ibid., p. 344.
18  Ibid., p. 345.

conta o passado colonial do país e sua dependência face aos países mais ricos, é fácil entender a importância do conceito de autonomia no desenvolvimento das ideias democráticas entre nós.

O quarto conceito é **participação**. Esse conceito está no centro de muitas matrizes teóricas associadas à tradição republicana. Transportado para nosso tempo, refere-se às relações dos cidadãos com os mecanismos do poder estatal, mas também indica as relações entre as esferas da sociedade civil e do Estado. Lefort apresenta assim o conceito de participação:

> *Admitindo que cada um dispusesse das mesmas informações e do mesmo poder de decisão, as condições para uma vida democrática não seriam satisfeitas se os indivíduos não fizessem uso de seus direitos, isto é, se não houvesse participação efetiva nas decisões e tarefas.*[19]

Em um país como o Brasil, onde as taxas de participação nas eleições têm sido historicamente baixas, até em razão do fato de que grande parte da população não podia votar até a promulgação da Constituição de 1988, podemos medir a importância do conceito e das discussões em torno de seu significado para nós.

O quinto conceito é **conflito**. Lefort sempre foi um pensador do conflito. Desde os estudos que dedicou a Maquiavel, ele procurou mostrar que toda sociedade é dividida em dois grupos inconciliáveis: os grandes e o povo. Com essa terminologia, ele não pretendia indicar dois setores da população, mas sim duas maneiras de se comportar em face do poder.[20] Enquanto os "grandes" querem dominar, o campo popular não quer ser oprimido por eles. Nessa lógica, um regime democrático acolhe o conflito no seio de suas instituições em vez de escondê-lo ou de negar

---

19  Idem.
20  C. Lefort, *Le travail de l'œuvre Machiavel.*

sua existência.[21] O Brasil nunca experimentou um regime totalitário, mesmo que políticos como Getúlio Vargas tenham flertado com o regime fascista italiano. Mas as classes dominantes brasileiras sempre odiaram o conflito, sempre negaram o fato de que a liberdade e suas expressões na arena pública dependem das disputas entre as partes constitutivas do corpo político. No lugar disso, setores importantes que Lefort, na esteira de Maquiavel, chamou de "grandes", preferiram recorrer às formas autoritárias de poder, em vez de aceitar a disputa em torno de ideias e projetos de país. Por essa razão, vamos prestar atenção especial às estratégias de ocultação dos conflitos, que estiveram no centro da construção dos regimes autoritários e oligárquicos após a proclamação da República.

No curso dessas análises, tentarei verificar certas hipóteses e defender algumas teses sobre o desenvolvimento das ideias democráticas no Brasil e suas interações com a história do período republicano.

No nível metodológico, acredita-se que, ao escolher um quadro de referência mais próximo das matrizes do pensamento republicano, amplia-se o espectro de nossas análises. Essa abordagem não implica defender a existência de uma contradição intransponível entre uma concepção de democracia orientada pelas ciências sociais americanas contemporâneas, que acentuam a dimensão institucional dos regimes livres, e o pensamento político de autores como Hannah Arendt e Claude Lefort, que estão mais próximos das tradições teóricas do republicanismo. Minha hipótese é a de que a riqueza de nossa tradição de pensamento é mais facilmente descortinada se seguirmos pelos caminhos que aponto. Com isso, estamos conscientes de nos afastar de estudos que se contentam em enfatizar a distância que separa a experiência democrática brasileira da de outros

---

21  C. Lefort, *Éléments d'une critique de la bureaucratie*, p. 348.

países. A meu ver, esse modo de pensar a história política e intelectual do país contamina a forma como enxergamos o pensamento brasileiro, reduzindo-o a um arremedo do que encontramos em outros lugares.

Partindo da ideia de que história e teoria se entrelaçam inseparavelmente no curso de nossa vida republicana, somos levados a formular a tese segundo a qual a dificuldade que o país conheceu desde a proclamação da República (1889) gestou uma rica tradição de pensamento, que explicou de forma criativa a trajetória errática da implementação do regime democrático no Brasil. O pensamento social brasileiro explorou temas como autonomia, identidade, conflitos e liberdade, a partir de um ângulo original, em relação às tradições europeias da sociologia, da filosofia e da história. As páginas seguintes destacarão esse rico processo de aproximação e distanciamento entre o pensamento e a realidade, que constitui o curso das ideias democráticas entre nós. Minha preocupação não é a de encontrar nos pensadores uma teoria da democracia forjada nas águas do republicanismo. Isso não existe entre nós. Na maior parte das vezes, quando os autores dos diversos campos teóricos falam de democracia, eles estão se referindo a concepções oriundas do liberalismo, na forma como era conhecido entre nós. O que farei aqui é olhar para essas referências com outras lentes conceituais, para descobrir sentidos que ficam ocultos quando nos limitamos a nos servir do aparato teórico tradicional. Por isso, o liberalismo será uma referência constante nessas análises – afinal, ele era a linguagem usada para discutir o problema da democracia. A aposta é que, para além dessa gramática superficial, os pensadores brasileiros sempre recorreram a conceitos que, lidos a partir de um novo ponto de vista, apontam para uma concepção aberta do problema que pode passar despercebida num primeiro momento.

Seguirei uma cronologia dos eventos que, embora não seja consensual entre os historiadores, é útil para os propósitos deste livro. Parto da divisão da história republicana em três períodos: a Primeira República, de 1889 a 1930; a Segunda República, de 1945 a 1964, e, finalmente, a Terceira República, de 1985 até hoje.[22] Períodos com a Era Vargas (1930-1945) e o da Ditadura militar (1964-1985) também estão contemplados, embora, é claro, não podem ser considerados como republicanos. Os escritos que estudaremos não correspondem estritamente a essa cronologia, mas foram produzidos, muitas vezes, ao sabor de circunstâncias especiais. Assim, períodos autoritários viram nascer obras que não apenas se insurgiam contras os desmandos do poder, mas alteraram o rumo das reflexões, apontando para problemáticas que antes não eram abordadas. Acredito, por exemplo, que esse foi o caso de um número impressionante de obras surgidas durante a Era Vargas (1930-1945). Apesar disso, a referência aos períodos republicanos parece-me a melhor maneira de situar o diálogo entre pensamento e experiência política, tal como o concebemos.

Antes de passar ao estudo dos períodos da história brasileira mencionados acima, é fundamental expor outra tese que também nos guia em nossas análises. Acredito que a dificuldade que o Brasil encontrou, ao longo de 130 anos de história republicana, para viver plenamente num regime de liberdade e igualdade se deve ao fato de o país nunca ter conseguido vencer sua herança colonial e escravagista para se abrir à modernidade democrática. Esta tese não é nada original e foi exposta de várias maneiras durante o século xx, mas ela ajuda a entender o significado das dificuldades que, até hoje, comprometem a implementação de um regime republicano democrático no país.[23] Em primeiro lugar, o Brasil fez muito pouco progresso no que diz respeito à

---

22  Sigo, a esse respeito, S. Abranches, *Presidencialismo de coalizão: raízes e evolução do modelo político brasileiro*

23  Recentemente Lilia Schwarcz voltou a ela em, L. M. Schwarcz, *Sobre o autoritarismo brasileiro.*

redução das desigualdades sociais, o que, como vimos, constitui um obstáculo maior para o processo de estabelecimento de um sistema democrático de governo. Essa situação tornou o país incapaz de lidar com os conflitos que marcaram a história republicana desde as primeiras greves operárias no começo do século passado, até as disputas agrárias, que até hoje não encontraram uma solução minimamente razoável. Além disso, convivemos com uma presença endêmica da violência na sociedade e a incapacidade de resolver as disputas diversas no seio das instituições. Do mesmo modo, a incapacidade de reduzir a desigualdade tem impedido o avanço da cidadania e a conquista da autonomia por camadas importantes da população. Neste contexto, a participação política, condição *sine qua non* para a instauração da liberdade política, depara-se com muitos obstáculos, mesmo tendo progredido nas últimas décadas.

A difícil evolução da democracia no Brasil resultou na instalação repetida de regimes que acabaram por encontrar seus limites num processo entrópico que parece não ter fim. Estes regimes entrópicos estão na origem dos períodos autoritários da história brasileira contemporânea, mesmo que não se possa dizer que sejam a causa de sua aparição.[24] Chamo de entrópicas as formações sociais e políticas que se mostram incapazes de estabilizar minimamente seus procedimentos, sendo destruídas pela dinâmica perversa de suas instituições, que não apresentam qualquer forma de resiliência face aos conflitos internos que as devoram. Isso não quer dizer que esses regimes não foram influenciados em alguns momentos por ações e acontecimentos que lhes escapavam, muitos deles originados na cena política internacional. O que os define é o fato de que colapsaram mesmo

---

24 Para Renato Lessa, os primeiros anos da República no Brasil até o governo do presidente Campos Sales (1898-1902) foram um momento entrópico da política nacional. Ver R. Lessa, *A invenção republicana*, p. 138.

quando as pressões externas não teriam sido suficientes para destruí-los. Essa característica não define apenas o passado da República no Brasil. Embora nos primeiros anos do século XXI tenhamos vivido a ilusão de que o país havia encontrado uma maneira de fortalecer a democracia, combatendo as desigualdades, desenvolvendo os direitos das minorias, aumentando a participação da população na vida política, a segunda década do século trouxe uma amarga surpresa. Os elementos entrópicos do regime voltaram à tona e, mais uma vez, a democracia está em perigo. Tentar entender o percurso das ideias democráticas no Brasil, considerando a natureza entrópica dos regimes políticos que se sucederam ao longo dos anos é um dos objetivos centrais deste livro.

Ao falar da entropia de regimes democráticos implantados no Brasil ao longo do tempo, não pretendo, no entanto, dizer que suas estruturas sociais, econômicas e políticas constituem uma barreira quase natural, que entrava a continuidade da democracia durante longos períodos na história do país. Aceitar essa tese significaria admitir que o autoritarismo é a forma de organização por excelência da vida política nacional. Ora, se os regimes democráticos colapsaram no decorrer de mais de cem anos de história republicana, não se pode dizer que isso tenha sido causado por uma falha estrutural na constituição do país. Não acredito na existência de uma essência escondida do país, que se revela em tempos de crise. O ponto de vista apresentado neste livro pode ser classificado como fenomenológico. Ele trabalha com o que aparece, com a história manifesta do país. Existem elementos de continuidade, a desigualdade é um deles, e elementos de diferenciação, que fazem do esforço para encontrar uma única explicação para o caminho da democracia entre nós um vão exercício de imaginação. Nossa matéria é a riqueza de nossa história política e intelectual.

# A Primeira República (1889-1930)
## Uma república sem democracia

O período que vai do fim do Império até a Revolução de 1930 é marcado por acontecimentos que colocaram fim a duas épocas diferentes de nossa história: a proclamação da República e o desaparecimento da Primeira República. Embora esses dois momentos sejam, em sua essência, muito diferentes, aproximam-se pelo fato de ambos se parecerem mais com golpes de estado do que com movimentos políticos ancorados em intensa mobilização popular, que são a marca de transformações sofridas por sociedades de massa na contemporaneidade. Sem entrar em detalhes sobre a verdadeira natureza das mudanças sofridas pela sociedade brasileira nesses dois momentos, o caráter ambíguo de ambos acabou condicionando o imaginário popular e o olhar de muitos historiadores, que costumam enfatizar a fragilidade simbólica dos eventos em vez de realçar a complexidade dos processos políticos, sociais e intelectuais que os precederam. Se nem a proclamação da República em 1889 deu origem a uma experiência democrática e nem 1930 significou o fim de uma era de liberdade e igualdade, isso não quer dizer que a democracia não esteve na ordem do dia tanto de movimentos, muitas vezes tímidos, de reivindicação popular por mais direitos, quanto na pena de escritores de matizes variados, que se lançaram na tarefa de compreender o país.

A ruptura de 1889 foi precedida por um intenso movimento de contestação da ordem vigente, pelas lutas em prol do fim da escravidão e pelo desejo de construir uma nação livre e moderna. O Brasil, nas décadas finais do Império, era um caldeirão de ideias, discursos, disputas e de muita imaginação. No mesmo território intelectual firmou-se um discurso abolicionista profundo, presente nas obras de Joaquim Nabuco, e flores retóricas de intelectuais como Silva Jardim. Sonhou-se com um país mais livre e mais igual e com a derrota total das forças atrasadas que dominavam a vida nacional. Nada disso deu muito certo, mas o país entrou no século XX como uma república que tinha muito de oligarquia e quase nada de democracia. É nesse contexto, ao mesmo tempo sulfuroso e apático, que os debates sobre a democracia e a república se infiltraram nos poros do país, que deixara de ser uma monarquia, mas não havia encontrado sua identidade. Se no plano das instituições prevaleceram comportamentos defensivos, que levaram a uma estabilidade frágil do sistema político, no plano das ideias, apesar da frustração com os novos tempos, viu-se nascer uma série de pensadores para os quais pensar o país e uma saída para seus impasses era quase um dever moral. Juristas como Rui Barbosa, poetas como Olavo Bilac, professores como Sílvio Romero e tantos outros, jogaram-se na tarefa de refletir sobre o país, dando origem a uma rica tradição de pensamento político. Para analisar o universo intelectual brasileiro da época, deteremo-nos em alguns personagens para os quais a questão da democracia era de grande importância. Nesse contexto, surgem dois expoentes do pensamento brasileiro que se encontravam em planos opostos. De um lado, Manoel Bomfim, um pensador refinado, que soube, como poucos, entender a América Latina e os perigos que certas teses racistas nos faziam correr, quando por aqui aportavam. No outro extremo, Oliveira Viana deu rosto ao conservadorismo brasileiro, fazendo-o, ao mesmo tempo, entrar na modernidade e buscar suas raízes no passado rural. Com eles, o país se preparou para as batalhas que viriam com o fim da primeira experiência republicana.

# As últimas décadas antes do fim

A década que terminou com a queda da monarquia no Brasil foi das mais agitadas e revelou um país cada vez mais interessado em assumir o controle de seu destino. A publicação em 1870 do Manifesto Republicano, redigido pelos membros dissidentes do Partido Liberal, conhecidos como "luzias" (Quintino Bocaiúva, Joaquim Marinho), colocou na rua uma série de grupos que se identificavam com os ideais das revoluções francesa e americana.[1] Nele, segundo José Murilo de Carvalho, não se fazia diferença entre república e democracia. As duas apareciam juntas e apontavam para os imaginários republicanos americano e francês. A democracia "era o governo do país por si mesmo, era a soberania popular exercida por sua representação".[2] A oposição à monarquia era ferrenha, pois, para muitos, "A soberania só existiria quando o Parlamento eleito exercesse a suprema direção política". A delegação da soberania teria que se exercer em funcionários eleitos e demissíveis. A conclusão era simples: "o elemento monárquico não tem coexistência possível com o elemento democrático".[3] A influência do republicanismo americano se consolida com o apego à noção de representação, o desprezo aos privilégios de uns poucos membros de uma família e seus protegidos, a indicação da forma federativa de governo como a única capaz de garantir a liberdade dos cidadãos e dos entes federativos. Muitos dos políticos que subscreveram o manifesto estiveram na raiz da formação de partidos que abalaram a cena pública nacional. Ao mesmo tempo, o movimento abolicionista ganhou corpo, sendo dirigido por personalidades como José do Patrocínio, Joaquim

---

1   S. B. de Holanda, *O Brasil monárquico*, cap. III, "O Manifesto de 1870", p. 256-270.
2   J. M. de Carvalho, "República, democracia e federalismo: Brasil, 1870-1891".
3   Ibid., p. 146.

Nabuco e André Rebouças, que não apenas eram figuras públicas importantes como escreveram obras que marcaram nossa cultura política. Esses dois grupos nem sempre convergiram em suas ideias e plataformas de ação, mas é inegável que contribuíram para derrubar o Império e colocar o país no longo caminho da modernidade democrática. Alguns atores da cena pública, como o pensador liberal Tavares Bastos, não tinham problema em tentar conciliar a monarquia constitucional com a democracia, mas essa não era a posição dos que pregavam um republicanismo democrático, como o futuro presidente Prudente de Morais.[4]

Para dar um exemplo da distância que por vezes existia entre os dois grupos políticos, vale a pena nos debruçarmos sobre a obra e a vida de Joaquim Nabuco (1849-1910). Filho de um aristocrata que ocupou cargos importantes durante o Segundo Reinado (1840-1889), Nabuco seguiu o caminho clássico dos filhos da elite. Estudante de direito, trabalhou mais tarde como diplomata, para se tornar, em seguida, um dos escritores mais importantes do seu tempo. Após a morte do pai, senador Nabuco de Araújo em 1878, ele passou a se dedicar à carreira política. Imediatamente engajou-se na campanha pela abolição da escravidão. Sua passagem pelo Parlamento foi de curta duração, mas seus escritos, palestras e discursos públicos tornaram-se referência na história intelectual brasileira.[5] Em 1882 ele estava em Londres, como correspondente do *Jornal do Comm*ércio, quando começou a escrever o seu livro mais famoso: *O abolicionismo*.[6] Publicado no ano seguinte, foi um enorme sucesso de vendas e de crítica.

Nele, Nabuco defende várias teses. Entre as que nos interessam em especial, está a ideia de que a escravidão é acima de tudo incompatível com a modernidade. Membro da elite governante

---

4 Idem.
5 A. Alonso, *Joaquim Nabuco: os salões e as ruas*.
6 J. Nabuco, *O abolicionismo*.

do país, o escritor sabia que seus pares tinham uma enorme responsabilidade na dificuldade que o país enfrentava para avançar em direção a uma vida política compatível com as ideias liberais que ele apoiava.[7] Para ele, "a escravidão seria uma herança colonial que adquiriu o caráter de 'sistema social', estruturadora de todas as instituições, costumes e práticas".[8] Nesse sentido, a escravidão era o que ele chamava de uma "instituição total", presente em todas as esferas da vida pública e capaz de resistir à sua extinção por meio da promulgação de uma lei.[9] Isso não significava que não devia ser abolida, muito pelo contrário. Nabuco lutou com obstinação para que isso acontecesse. Ciente, no entanto, do quanto ela penetrara no corpo social, acreditava que seus efeitos perdurariam mesmo depois de seu desaparecimento legal. A história brasileira lhe daria plenamente razão. "A escravidão entre nós", afirmava,

> *manteve-se aberta e estendeu os seus privilégios a todos indistintamente: brancos ou pretos, ingênuos ou libertos, escravos mesmos, estrangeiros ou nacionais, ricos ou pobres; e dessa forma, adquiriu, ao mesmo tempo, uma força de absorção dobrada e uma elasticidade incomparavelmente maior do que se houvera tido se fosse um monopólio da raça, como nos Estados do sul.*[10]

Nabuco, no entanto, não acreditava, como muitos de seus amigos republicanos, que a monarquia devia ser extinta junto com a escravidão. Consciente de que as raízes do mal contra o qual lutava eram profundas, ele lançou um apelo à reconciliação

---

7   A. Alonso, "Joaquim Nabuco: o crítico penitente".
8   Ibid., p. 63.
9   Ibid., p. 64.
10  J. Nabuco, *O abolicionismo*, p. 126.

nacional como única maneira de superar o passado ignominioso. Monarquista convicto, ele se considerava um liberal, ligado não apenas aos valores da monarquia constitucional, mas também aos comportamentos típicos das sociedades de corte. Entre a lealdade para com o imperador e o desejo de ver o país evoluir para a modernidade política, o pensamento de Nabuco encontrou seus limites. Em meio a essa tensão entre o velho e o novo, não havia lugar para o pensamento democrático. Isso não significa, todavia, que o escritor não tenha contribuído para o avanço das ideias democráticas entre nós. Ao sublinhar o caráter total da escravidão e a possibilidade de que seus efeitos nefastos perdurassem na vida pública, mesmo depois de sua extinção legal, Nabuco permitiu que se detectassem as raízes de uma desigualdade persistente que constitui um obstáculo poderoso ao estabelecimento, no país, de um sistema político baseado na igualdade social e na liberdade política. Podemos hoje notar que faltava, em suas reflexões, uma referência à participação da população na vida pública, ou a preocupação sobre a maneira de resolver os conflitos políticos no interior das instituições da República. Como, no entanto, poderia ter conduzido sua reflexão nessa direção se estava convencido de que levaria ainda muito tempo para que o país pudesse superar os efeitos da escravidão? De maneira meio irônica, meio profética, Nabuco dizia: "Autônomo, só há um poder, entre nós, o poder irresponsável; só ele tem certeza do dia seguinte, só esse representa a permanência da tradição nacional."[11]

O caminho da República e da democracia, no entanto, seria muito mais difícil do que o imaginado pelos autores e atores políticos que, no final da monarquia, sonhavam com um país melhor e mais aberto para o mundo. Incapaz de superar suas origens escravagistas, o Brasil teve dificuldade em encontrar o caminho da democracia.

11 Ibid., p. 139.

# O surgimento da República

Quinze de novembro faz parte do calendário de datas cívicas brasileiras desde o século xix. Ao contrário de outras datas, as celebrações são geralmente discretas, reservadas às autoridades e afastadas da população em geral, que não parece dar importância à data e ao seu significado. E, no entanto, esta deveria ser uma data essencial do calendário cívico, pois marca a passagem do regime monárquico, associado à herança portuguesa, ao regime republicano, fruto da livre decisão dos brasileiros. Longe dessa percepção ideal, a proclamação da República desperta desconfiança e ceticismo por parte dos que refletem sobre seu significado. Essa abordagem da proclamação de um novo regime como um fato confuso ou mesmo negativo parece dominar não apenas a percepção popular, mas também o trabalho de muitos historiadores.

José Murilo de Carvalho resumiu de maneira lapidar o sentimento de ceticismo e desconfiança quanto ao que aconteceu em 1889. Em um livro clássico da historiografia brasileira, ele colocou no título sua principal tese: " O Rio de Janeiro e a República que não foi".[12] A afirmação segundo a qual a República não aconteceu está, em parte, fundada na observação direta de pessoas presentes no cenário da proclamação da República, o Rio de Janeiro. Louis Couty, um francês que vivia no Brasil na época, dizia que, dada a aparente apatia do povo diante das ações que fizeram desmoronar a monarquia, ele só podia concluir que: "A situação funcional desta população pode resumir-se em uma palavra: o Brasil não tem povo."[13] Essa percepção era comum entre os observadores estrangeiros, mas também estava presente na boca de ativistas como Aristides Lobo, fundador do jornal *A*

---

12 J. M. de Carvalho, *Os bestializados: o Rio de Janeiro e a República que não foi.*
13 Ibid., p. 66.

*República*, deputado e senador por diversas legislaturas tanto no Império quanto na República, para quem as pessoas olharam "atordoadas" o que aconteceu em 1889.[14] José Murilo de Carvalho é o primeiro a admitir que, nessas observações, entrava uma parte do preconceito dos estrangeiros contra os modos de vida dos brasileiros. Havia também muita decepção por parte de pessoas como Aristides Lobo e o escritor Raul Pompeia, que tinham se envolvido com a propaganda republicana desde os anos oitenta do século xix, esperando que, no momento em que d. Pedro ii deixasse o poder, muita coisa iria mudar e o país se abriria para um novo tempo.[15] Mas seria incorreto supor que Carvalho pensa a proclamação da República com os olhos da decepção de alguns de seus atores. O ponto de vista do historiador talvez seja mais bem resumido quando ele declara: "No entanto, havia no Rio de Janeiro um vasto mundo de participação popular. Só que esse mundo passava ao largo do mundo oficial da política."[16]

A afirmação segundo a qual havia um exagero em negar a presença do povo no cenário público brasileiro não muda, entretanto, para ele, o fato de que essa presença não significava uma participação efetiva na vida política, tal como pensada por autores da tradição republicana ou liberal. Para Carvalho: "No campo da ação política, fracassaram sistematicamente as tentativas de mobilizar e organizar a população dentro dos padrões conhecidos nos sistemas liberais."[17] Ainda mais radical, ele conclui: "Mas na política, a cidade não se reconhecia, o citadino não era cidadão, inexistia comunidade política."[18] No fim do livro, o

14 Ibid., p. 68
15 "A afirmação da inexistência de povo político, de apatia total da população era claramente exagerada". Ibid., p. 70.
16 Ibid., p. 38.
17 Ibid., p. 141.
18 Ibid., p. 156.

historiador retoma o termo presente no título para sugerir que "o bestializado era quem levasse a política a sério, era o que se prestasse à manipulação."[19] A política não estava apenas distante do povo, ela nem fazia parte do universo das preocupações dos habitantes da República recém-proclamada, baseada em uma profunda desigualdade e em um déficit de cidadania. Nesse sentido, a cidade do Rio de Janeiro, centro das ações que levaram à ruptura com a ordem monárquica, ficou afastada dos ideais republicanos e da inclusão na arena política de grandes setores da população.

O diagnóstico apresentado por José Murilo de Carvalho marcou profundamente a historiografia brasileira e, como toda grande tese, pode ser questionado em alguns de seus pontos de vista. Esse ponto será retomado mais à frente. Primeiro, é importante mostrar como ele se utiliza de certas teorias políticas para afirmar que a proclamação da República foi um fracasso. Para o historiador, é o déficit da cidadania, entendida como a ausência de participação popular na vida política do país, o fato que assinala o fracasso da construção da República no Brasil. Em outra obra, ele mostra que esse fracasso inicial se espalhou na história, de modo que, apenas recentemente, partes importantes da população vieram a participar da vida política, pelo voto, sem constituir uma força política real.[20]

Mesmo que essas afirmações possam ser nuançadas, é importante retê-las para que possamos entender a dificuldade que o regime democrático encontrou para instalar-se no Brasil durante o século xx e como isso influenciou profundamente o pensamento democrático no país.

\* \* \*

19  Ibid., p. 160.
20  J. M. de Carvalho, *Cidadania no Brasil: o longo caminho*.

A baixa participação popular nos eventos de novembro de 1889 produzirá efeitos deletérios ao longo de toda a história republicana. Mas a constatação do "fracasso inicial" não me parece suficiente para esclarecer inteiramente o que aconteceu naquele ano. Não se trata de negar que temos uma vida política cheia de problemas. Ainda hoje podemos falar de uma "república inacabada", como fez Raymundo Faoro, jurista que, na condição de antigo presidente da Ordem dos Advogados do Brasil (1977-1979), teve um papel de destaque no momento da redemocratização do país nos anos 1980.[21] No interior de um cenário complexo e rico, o objetivo é estudar como podemos pensar sobre a trajetória das ideias políticas no Brasil de um ponto de vista aberto a referências conceituais diferentes daquelas que até hoje dominaram o cenário intelectual brasileiro. Não se trata de negar os resultados alcançados por historiadores, cientistas políticos, filósofos e jornalistas para começar tudo do zero. A meu ver, essa atitude não faz sentido. Mais modestamente, deseja-se aqui olhar para acontecimentos políticos e culturais de um ponto de vista que descortina sentidos e significados que ficaram na sombra de análises conduzidas a partir de referenciais teóricos diferentes daqueles aqui adotados.

## O fracasso da fundação de uma nova ordem política

O momento da queda da monarquia brasileira provocou o surgimento das interpretações que apontavam para o fracasso da fundação da República. As análises que iam nessa direção nem sempre expunham com a devida clareza o modelo teórico que lhes servira de guia para pensar o problema da criação do corpo político que é, em última instância, a questão central em jogo

21  R. Faoro, *A República inacabada*.

quando se quer discutir o aparecimento de uma nova forma política. Sabedores de que o olhar dos observadores estrangeiros presentes no Brasil no final do século xix foi contaminado por preconceitos e tem pouco ou nenhum valor teórico, por que cientistas sociais e historiadores continuam a citá-los e, em alguma medida, a concordar com eles? Naturalmente, não se trata de inverter o olhar e tentar mostrar que 1889 foi um ano semelhante a 1789 na França, com a Revolução Francesa. O problema é, por que deveria sê-lo? Quais são os conceitos envolvidos nas análises que insistem sobre a "falta" e a distância que nos separam de outros povos que, durante a modernidade, passaram por uma transição radical dos regimes e formas de vida associadas aos "velhos regimes"?

Quando se considerava, durante o século xix, a transição do regime monárquico para o regime republicano, era quase natural pensar no conceito de revolução para analisar os fatos que levariam ao fim das velhas monarquias. De certa forma, não foi diferente no caso brasileiro. José Murilo de Carvalho em outro livro, *A formação das almas*, analisou em detalhes a luta que antecedeu e sucedeu a proclamação da República, colocando no centro de seus estudos o processo de consolidação das imagens e dos símbolos que deveriam dominar a vida republicana. No entanto, como sublinha o historiador: "foi geral o desencanto com a obra de 1889. Os propagandistas e os principais participantes do movimento republicano rapidamente perceberam que não se tratava da república dos seus sonhos."[22] É interessante esclarecer a fonte da decepção com a República, que, segundo o historiador, foi sintetizada por Alberto Torres na segunda década do século xx: "Este Estado não é uma nacionalidade; este país não é uma sociedade, esta gente não é um povo. Nossos homens não

---

22  J. M. de Carvalho, *A formação das almas: o imaginário da República no Brasil*, p. 33.

são cidadãos."[23] O próprio José Murilo de Carvalho se aproxima de Torres quando declara, no fim de seu livro: "Não por acaso o debate mais vivo gira ainda hoje em torno do mito de origem e das utopias republicanas. É um debate ideológico e historiográfico, limitado ao pequeno círculo de beneficiários do regime. Mesmo aí transparece o caráter inconcluso da República."[24]

Sua análise tem o mérito de mostrar a batalha que se desenrolou em torno da apropriação do significado dos acontecimentos e pela formação de uma narrativa que era ao mesmo tempo constituída e criada pela imaginação republicana. Como então pensar o que aconteceu naquele ano e que pareceu para muitos um fracasso retumbante? O procedimento analítico mais comum é fazer a comparação entre o que aconteceu e diversos modelos normativos. O primeiro desses modelos nasceu no interior da trajetória da ideia de revolução, que dominou a imaginação do século xix, quando se tratou de pensar sobre as transformações políticas radicais observadas em vários países. O uso desses modelos de República, que chegavam até nós por meio de uma literatura abundante sobre o assunto, mas também pela imprensa, que reproduzia longos artigos escritos na Europa por jornalistas famosos, forneceu uma referência teórica e prática para os atores políticos da época, como Silva Jardim, que queriam influenciar o curso da história do Brasil. Como disse a historiadora Maria Teresa Mello: "A partir da década de 1870, sob a pressão do contexto internacional, foi se instalando entre nós uma incômoda sensação de atraso, o que impeliu a formulação de novas narrativas nacionais, buscando-se em outras fontes, uma tradição brasileira que contradissesse a letargia imperial."[25] A República era o meio de "completar a obra liberal iniciada na

23 Idem.
24 Ibid., p. 141.
25 M. T. C. de Mello, *A República consentida*, p. 136.

França" com os acontecimentos revolucionários do século XVIII. A referência aos revolucionários franceses era frequente tanto entre aqueles que queriam o estabelecimento da República quanto entre os que se opunham a ela. A França revolucionária, ao lado da República americana, servia como uma bússola para todos desejosos de agir e refletir sobre os rumos do país.

Alguns historiadores utilizaram esses parâmetros teóricos para analisar os eventos de 1889, frustrantes para os que se envolveram na luta republicana e não viram seus sonhos se materializarem com a partida do imperador. Para alguns, o atraso do Brasil, manifestado na demora em acabar com a escravidão, dificultou o desenvolvimento global do país, condenando-o a ocupar uma posição subalterna no concerto das nações. Salientando, por exemplo, a falta de cidadania como uma marca da República brasileira, José Murilo de Carvalho usou ao mesmo tempo o paradigma republicano, construído pelas revoluções modernas, e a ideia de que essa comparação nos é útil até hoje. Ele sugeriu que podemos entender o surgimento da modernidade política através da análise racional de modelos de regime e governo. Para ele, a mescla dos procedimentos das ciências sociais com as análises históricas conduz a um procedimento analítico suficientemente equilibrado para interpretar o "fracasso" da República brasileira a partir de um arcabouço teórico sólido. É claro que essa observação pode também ser feita com modelos normativos construídos a partir de hipóteses fundadas numa análise puramente racional da realidade da política. Um exemplo seria o modelo social liberal do filósofo John Rawls, que ofereceria um norte à análise de uma sociedade que não consegue estruturar suas instituições de acordo com princípios já estabelecidos como fazendo parte da modernidade política. Nesse caso, estamos ainda mais longe da tradição republicana, mas não dos procedimentos metodológicos típicos das ciências sociais contemporâneas e da filosofia política. Descobertos os princípios e estabelecida sua validade racional, é possível entender as formas políticas republicanas e liberais compreendendo as descobertas enunciadas pela razão como um modelo explicativo para o funcionamento das sociedades históricas. Nessa lógica, a história política brasileira pode ser analisada, por exemplo, pelo uso da ideia de igualdade, cuja ausência indica a distância que separa a sociedade histórica dos modelos normativos. Em todos os casos, a análise é comandada por um referencial normativo estrito, que serve como medida para os acontecimentos históricos. Por isso, não há como negar que a experiência de 1889 acabou muito distante do que deveriam ser seus objetivos.

* * *

A proclamação da República no Brasil tem certamente pouca relação com o que pode ser chamado de evento revolucionário. Essa percepção é válida na exata medida em que as características mais salientes de uma República, a saber, a liberdade política, a igualdade entre os cidadãos, a cidadania ativa, entre outros, estão ausentes de boa parte de nossa história. Não quero afirmar que a conduta metodológica apontada anteriormente é, na sua totalidade, incorreta e leva necessariamente a falsas conclusões. Basta olhar para a gigantesca desigualdade que continua a dominar a sociedade brasileira para afirmar que estamos longe de ter constituído uma sociedade republicana democrática e que a comparação com modelos normativos pode ser útil para entender muitos dos percalços de nossa história. Ao escolher outro percurso metodológico, acredito poder iluminar aspectos de nossa história que ficam escondidos quando nos apegamos a referenciais que são importantes, mas nem sempre adaptados às especificidades de nossa trajetória política. Esse é o caso, por exemplo, de uma leitura muito estreita da noção de participação. Se é evidente que estamos longe de poder falar de uma cidadania ativa em vários momentos da vida republicana brasileira, também é verdade que a interação de setores da população com a esfera pública, sobretudo de setores desfavorecidos, se dá muitas vezes por caminhos diferentes daqueles observados em outros países. A chamada cultura popular, em particular as canções, é um veio interessante de interação com o mundo da política que nem sempre é observado pelos estudiosos de nossa história política.

Feita essa observação, seguiremos nosso caminho. A abordagem do tema da democracia está ancorada em um **duplo movimento**. O primeiro é retornar a um dos conceitos fundamentais da tradição republicana que, embora presente nos discursos políticos do passado, não desempenhou um papel importante na reflexão sobre os acontecimentos de 1899. Trata-se do **tema da fundação** dos novos regimes políticos e sua articulação com a questão das revoluções modernas. Uma das razões do fracasso simbólico da proclamação da República é o fato de ter sido muitas vezes considerado um ato fundador não concluído. Imaginada como uma revolução, a queda da monarquia foi percebida como um conjunto banal de ações políticas e não como um movimento capaz de provocar a transformação radical da vida política brasileira.

A segunda via de análise vai no sentido inverso daquela apresentada antes. Uma vez que o Brasil não seguiu o caminho de muitas sociedades, que passaram por revoluções e transformaram suas estruturas sociais e políticas, vamos nos servir da tradição republicana como de uma ferramenta que pode nos ajudar a entender nossa história em sua particularidade. Essa via se afastará dos caminhos percorridos pelos historiadores, que acreditam poder entender as sociedades contemporâneas à luz de modelos previamente estabelecidos. Se as ferramentas conceituais resultantes de várias vertentes teóricas do republicanismo estão no centro dessa abordagem, cabe esclarecer que

**45**

recorro a elas adotando duas hipóteses teóricas. **A primeira é que não há caminho necessário na marcha histórica das sociedades.** Consequentemente, assumo que os efeitos da contingência não podem ser negligenciados quando se trata de pensar a história particular de um povo. Acontecimentos fortuitos, ações isoladas e até mesmo fatos aparentemente anódinos fazem parte do processo de transformação das sociedades históricas da mesma maneira que a cadeia de causas que está por trás de um acontecimento histórico. Deixando de lado as filosofias do século xix, que se apoiavam com frequência numa visão teleológica da história e adotavam a ideia de progresso com uma marca da presença da razão nas ações humanas, acredito que a compreensão de um fenômeno social e político deve levar em conta a tensão existente entre os conceitos que guiam o olhar do pensador, que pretendem ser válidos em todas as situações, e a particularidade dos eventos históricos, que colocam em questão a validade universal de certas teorias.

**A segunda hipótese é a de que o estudo da história do Brasil é, por um lado, uma forma de diálogo com a tradição republicana e, por outro lado, uma maneira de enriquecê-la**, na medida em que os acontecimentos diversos e os impasses que surgiram no momento de implantar novas formas de vida em comum criaram caminhos teóricos originais para se pensar os atos de criação de corpos políticos na modernidade e vários outros temas caros ao republicanismo.

De diferentes maneiras, pesquisadores, não necessariamente ligados à tradição republicana, tentaram explorar as possibilidades oferecidas por matrizes teóricas variadas capazes de ajudar a pensar o Brasil à distância de moldes analíticos fechados. Foi o caso, por exemplo, de Richard Morse.[26] Ele parte da especificidade da cultura ibérica para mostrar que as sociedades que

---

26  R. Morse, *O espelho de Próspero*.

foram criadas a partir de sua influência tenderam a desenvolver uma cultura ancorada na ideia de que o privilégio de alguns não contradiz os valores de uma sociedade cristã. Enquanto isso, as sociedades baseadas no paradigma liberal anglo-saxão tenderam a privilegiar a liberdade individual e a guardar certa distância em relação ao Estado, pensado como uma entidade fadada a limitar os direitos dos indivíduos. No mesmo sentido, mas usando outras referências teóricas, Luiz Werneck Vianna usou a filosofia de Antonio Gramsci para sublinhar as especificidades do desenvolvimento político brasileiro e seus impasses, ligados à maneira pela qual as diferentes tradições do pensamento político se aclimataram no país e influenciaram sua história.[27] Os dois autores mostram, por exemplo, que pensadores como Tavares Bastos já tinham analisado os efeitos da herança ibérica na trajetória das ideias democráticas nos países da América Latina em particular. Esses estudiosos nos ajudam a entender as dificuldades do percurso da ideia democrática no Brasil de um ponto de vista mais amplo do que o adotado por uma parte importante da historiografia, que se contenta em falar do atraso do país em comparação com as democracias consolidadas de outros países, sem levar em conta a especificidade de nossa história.

Uma vez que este não é um trabalho de cunho historiográfico, usarei as contribuições de historiadores e pensadores, ao mesmo tempo que procurarei designar novas formas de pensar temas com o da fundação à luz de nossa história particular. Como a intenção não é oferecer uma nova "interpretação do Brasil", os esforços serão concentrados na elucidação do momento de criação de uma nova forma política: a proclamação da República. Procurarei descobrir nela o papel que a ideia democrática, como aqui definida, pôde desempenhar na época da constituição da República brasileira.

---

27 L. W. Vianna, *A revolução passiva: iberismo e americanismo no Brasil.*

\* \* \*

O tema da fundação está no centro da tradição republicana em todas as suas matrizes.[28] De Cícero a Hannah Arendt, o debate sobre o significado do começo das sociedades políticas faz parte do repertório conceitual dos pensadores que, de várias maneiras, fizeram da investigação sobre a natureza do regime republicano o horizonte de suas reflexões. Ora, muito do que foi dito a respeito da história republicana brasileira está baseado na ideia de que a proclamação da República fracassou, especialmente em suas tentativas, na maioria das vezes tímidas, para levar a cabo a transformação das condições de vida da população, que deveria ser a base para a constituição de uma democracia moderna. A palavra "revolução", por seu turno, foi usada entre nós como contraponto de nossa formação incompleta, que nos manteve distante dos processos de construção dos alicerces de uma sociedade livre e igualitária.

Nesse percurso teórico, a primeira referência é o conceito de revolução. A intenção é verificar como seu uso pode nos ajudar a entender os acontecimentos da criação da República brasileira em 1889. Seguirei Hannah Arendt. Seus escritos abordam a questão não apenas do ponto de vista do surgimento da ideia na modernidade, mas, também, por meio do estudo comparativo das revoluções francesa e americana. Este último aspecto não nos interessa aqui, embora os dois eventos tenham sido uma referência para muitos pensadores brasileiros.[29] O ponto de partida é a conexão entre o tema clássico da fundação das formas políticas e a ideia de revolução. Mesmo que os intelectuais brasileiros do século xix não utilizassem o conceito para analisar

28 N. Bignotto (org.), *Matrizes do republicanismo*.
29 A questão é analisada em N. Bignotto, "Hannah Arendt e a Revolução Francesa".

as mudanças que tinham em mente, não ignoravam a radicalidade do que havia acontecido em outros países, especialmente na França e nos Estados Unidos, e se orientavam por eles para estabelecer suas bases de análise.

Para Arendt, a ideia de revolução significava que algo novo, radicalmente novo, poderia surgir na história, interrompendo seu fluxo e marcando um novo início. De maneira sintética, ela afirmava: "A coincidência da ideia de liberdade com a de um novo começo é, portanto, essencial para qualquer compreensão da revolução moderna."[30] Para avançar em sua interpretação do significado da revolução, ela distinguia "libertação" e "liberdade". Embora faça parte do vocabulário da filosofia política desde os tempos antigos, a libertação remete a um novo problema, ou a uma nova maneira de abordar o problema da necessidade e da miséria de partes da humanidade. A libertação era geralmente considerada uma condição para a liberdade, mas não devia ser confundida com ela.[31] O que a modernidade trouxe foi a identificação entre a ideia de um novo começo e a da liberdade. O casamento desses conceitos só era possível, aos olhos dos pensadores do século XVIII, por meio de uma revolução.

Para nossa pensadora, no entanto, o desejo de libertação tinha uma fonte diferente do desejo da liberdade. Para pensadores como Karl Marx, e boa parte da tradição marxista, não tem sentido pensar a liberdade política sem primeiro resolver o que se convencionou chamar de "questão social". Em termos simples: enquanto houvesse miséria, não fazia sentido falar de liberdade. A revolução seria o momento da solução dos dois problemas e um passo à frente no caminhar da história universal. Arendt estima que a ênfase colocada nessa questão tenha

---

30 H. Arendt, *Essai sur la révolution*, p. 37 (para a tradução brasileira ver H. Arendt, *Sobre a revolução*).
31 Ibid., p. 40.

marcado a diferença entre a Revolução Francesa e a Revolução Americana. A primeira teria enfatizado a "questão social", enquanto a segunda, sem negligenciar o problema da necessidade, teria sido capaz de oferecer uma solução para o problema da liberdade sem ter resolvido o problema da miséria.

A distinção entre libertação e liberdade é importante, sobretudo, se lembrarmos que o problema da libertação coincidiu com uma das questões-chave do fim do Império brasileiro, a abolição da escravidão.[32] Tudo se passa como se, no Brasil, a questão da libertação dos escravos tivesse produzido um consenso que não encontrou seu equivalente quando se tratou de estabelecer a liberdade política. Se, como diz Arendt, a revolução se constrói sempre em direção à liberdade, "o novo começo" brasileiro, que poderia ter acontecido com a abolição da escravidão, não ocorreu. A frustração gerada pelo fracasso da abolição em promover um salto em direção à igualdade e, assim, em direção à democracia, levou muitos atores, que participaram do movimento abolicionista, a abraçar o republicanismo. Mas também levou importantes figuras políticas, como José do Patrocínio e Joaquim Nabuco, abolicionistas convictos, a permanecer, surpreendentemente, do lado da monarquia, quando outros romperam definitivamente com o antigo regime para tentar construir um contexto efetivamente novo.

O fato de que, com a proclamação da República, o país se mostrou incapaz de estabelecer um regime democrático despertou na historiografia nacional, nas ciências sociais e na filosofia uma verdadeira caça às origens do Brasil. Para alguns, tratava-se de encontrar algo em nossa história que pudesse servir como explicação para a aparente incapacidade de se criar uma nação livre e independente nessas terras. O surgimento da República não

---

32 A. Alonso, *Flores, votos e balas: o movimento abolicionista brasileiro (1868-88).*

serviu como referência para o movimento de busca da liberdade. Pelo contrário: foi uma marca da decepção que nos acompanha na trajetória da política nacional. Para muitos estudiosos, o que emergiu do processo de ruptura com o passado foi unicamente uma literatura ancorada na busca das origens como fonte de compreensão das ligações entre o passado e o futuro, mas não uma ordenação política que tivesse em seu centro os valores e práticas democráticas e republicanas. Na linguagem arendtiana, o começo de nossa República engendrou um novo corpo de leis, mas não conseguiu enraizá-lo de forma permanente na sociedade brasileira. O "desejo de absoluto", que a pensadora judia associa à criação de um novo corpo político, não se desenvolveu entre nós, permitindo que o país encontrasse sua própria identidade. Dizendo de outra maneira, a adoção de uma nova constituição, em 1891, não foi precedida pela crença no papel da fundação na construção de uma nova forma de viver juntos. Ela foi vista e vivenciada como um simples ato político que marcou o fim de um regime que tivera o imperador como líder.

*A priori*, não há nada de extraordinário em buscar as origens da identidade de um corpo político num passado remoto. Florença experimentou um processo semelhante quando, no século xv, seus historiadores, Leonardo Bruni entre eles, imaginaram que era possível desvendar as origens da cidade ligando-as ao período republicano de Roma. Esse movimento visava mostrar que, desde sua criação, Florença estivera ligada a valores como liberdade e participação nos negócios públicos e não com o culto à expansão territorial e à dominação de outros povos, como foi o caso de Roma depois da queda da República.[33] Esta operação intelectual destinava-se a criar uma imagem da história da cidade que podia servir de base para a narrativa do processo de

---

33  G. Ianziti, *Writing History in Renaissance Italy: Leonardo Bruni and the Uses of the Past.*

passagem da comuna medieval, ligada à Igreja, para uma cidade erguida de acordo com os princípios que governavam as cidades-estados livres da Antiguidade. Os historiadores da época não procuraram fazer uma investigação histórica profunda. O que lhes interessava era encontrar uma explicação plausível para o fato de que a cidade de Florença estava destinada à liberdade e não à dominação por outras cidades e reinos.

No caso brasileiro, não é possível operar essa regressão a um passado de liberdade, ainda que, como a historiadora Heloisa Starling mostrou, as ideias republicanas tenham aportado aqui no século XVII e feito uma longa caminhada entre nós.[34] Como ela mostra, a vida política da Colônia foi marcada, em seus momentos mais importantes, por uma forte influência de um conjunto de ideias que fizeram sonhar muitos atores e pensadores políticos, desde os séculos XVII e XVIII, com a implantação no Brasil de uma verdadeira forma política republicana. Seja como for, a busca de nossas origens como ferramenta de explicação de nossa identidade foi tão intensa ao longo do século XX que seria impossível, no espaço de um texto, referir-se a todos os autores que se interessaram pelo problema. Se não foi possível construir uma narrativa sobre nosso passado republicano, como fizeram os florentinos, é inegável que a ideia de que o passado ilumina o presente se tornou uma das tópicas mais poderosas de nossa história intelectual. Na ausência de uma revolução radical, ficou o desafio de compreender uma forma política que evoluía sem alterar fundamentalmente suas estruturas. A questão da fundação se transformou na pergunta sobre a origem do caminhar peculiar da sociedade brasileira.

34 H. M. Starling, op. cit.

## Pensar de forma diferente o surgimento da República no Brasil

À luz do que foi visto até agora, a narrativa do "fracasso" do Brasil republicano parece corresponder não apenas ao momento da proclamação da República, mas ao próprio processo de formação da nacionalidade, que teria como principal marca a incompletude. Embora não seja possível resumir as "interpretações" do Brasil por meio de um denominador comum, é frequente acreditar que o Brasil não completou o ciclo de formação de sua identidade política e continua a procurar por si mesmo.[35]

Voltemos nosso olhar para os acontecimentos que se desenrolaram à época da proclamação da República, em 1889. Maria Tereza Chaves de Mello mostrou em seu livro *A República consentida* que as décadas anteriores à proclamação da República não foram dominadas pelo sentimento de impotência e de inatividade diante do cenário político. Jornais e revistas conheceram uma verdadeira explosão, e não apenas na capital. Artigos publicados no Rio de Janeiro se espalhavam pelo país, em cidades como Recife, Salvador, São Paulo e Ouro Preto. Analisando o comportamento dos cariocas face às discussões que aconteciam em locais públicos, como na rua do Ouvidor, a autora conclui que o significado da "rua" foi alterado, passando a indicar um local no qual se podia fazer uso público da razão, criar formas de contestação do poder vigente e forjar espaço para a representação dos anseios populares.[36] Alguns jornalistas, escritores ou palestrantes, como Lopes Trovão, eram verdadeiros ídolos da cidade, enchendo teatros com público que comparecia exclusivamente para ouvi-los falar sobre a realidade brasileira. Quanto às conversas de rua, elas estavam longe de serem secretas. Atores

---

35  J. M. de Carvalho, *O pecado original da República*.
36  M. T. C. de Mello, op. cit., p. 29.

políticos como Aristides Lobo, Ubaldino do Amaral e Rui Barbosa multiplicaram os ataques contra a monarquia, elevando a temperatura política dos últimos anos do Império.[37]

Por outro lado, desde a década de 1870, novas ideias circulavam nos círculos literários, políticos e militares, mudando o panorama dominado pelas ideias dos chamados "saquaremas"[38], que haviam imaginado um poder equilibrado por meio de uma aliança conservadora. O positivismo de origem francesa e o evolucionismo aprendido nas obras do filósofo Herbert Spencer impregnavam a paisagem das ideias, mas também a da ação.[39] Nesse contexto, o exército se vinculou à noção de evolução e de elogio das ciências, colocando-se na vanguarda do processo de modernização e de renovação do país. Os jovens oficiais assistiam às conferências sobre a história do país e frequentavam os *meetings* republicanos. Quando se comemorou o centenário da Revolução Francesa, vários militares participaram das festividades. Alguns foram vistos dando "vivas à República" por ocasião do discurso de apresentação do plano de governo de Ouro Preto na Câmara dos deputados em junho de 1889.[40] Nele foram propostos a extensão do voto a todos que tivessem uma profissão e soubessem ler e escrever; o aumento da autonomia de estados e municípios, que passariam a escolher pelo voto seus dirigentes; a liberdade de culto; a reforma das leis referentes à compra de terras; e a criação de estabelecimentos de crédito, para ajudar os menos favorecidos.

Em uma sessão da Câmara dos Deputados, em junho de 1888, Afonso Celso Júnior resumiu o impacto do movimento republicano observado na sociedade brasileira dizendo: "Há dez anos,

37 Ibid., p. 36.
38 Esse nome designa os conservadores durante o Segundo Império.
39 M. T. C. de Mello, op. cit., p. 70.
40 Ibid., p. 40.

ninguém falava em República. Hoje, é raro o dia em que, na tribuna e na imprensa, não se clama por ela e o Governo ouve os brados, sem poder reprimir."[41] Este discurso lembra, pelo menos na forma, o que o revolucionário Camille Desmoulins disse quando aludiu ao fato de que, durante a queda da Bastilha na França, em 1789, não havia mais do que dez republicanos em Paris.[42] O que deve ser lembrado não é a proximidade entre a percepção dos dois homens públicos de situações que eram obviamente muito diferentes, mas o fato de que, para ambos, a República era obra do tempo, de longa preparação e que se fazia aos poucos presente no cenário da imaginação popular.

Se havia apenas alguns republicanos em meados do século XIX no Brasil, e se a tradição, que chegou aqui, ainda no século XVII, parecia esquecida, aos poucos a linguagem do republicanismo ressurgiu, influenciando o processo político em nível nacional. O retorno dos temas republicanos aos discursos públicos não deve, no entanto, nos enganar. O fato de a República ter sido considerada uma forma política capaz de substituir a monarquia enfraquecida não significava que um consenso rápido e efetivo pudesse ser alcançado. Pelo contrário, a monarquia não era apenas uma forma de governo ou regime político, e sim um modo de vida, uma maneira de entender a estrutura da sociedade e sua estratificação, um modo de distribuir poder e privilégios. Era necessário desmontar "um mundo" para que as coisas pudessem mudar. Essa tarefa, no entanto, não foi exclusiva da realidade brasileira, como algumas pessoas preferem pensar. Em 1789, na França, a maioria dos membros da Assembleia Constituinte ainda estava ligada ao rei e à monarquia e não pensava

---

41 Ibid., p. 45.
42 A referência não diz respeito a uma análise da situação do país naquele ano. Estudei este fato em N. Bignotto, *As aventuras da virtude: as ideias republicanas na França do século XVIII*, p. 220.

em instituir uma República, mas simplesmente mudar o equilíbrio de poder.[43] Foi o curso da revolução que modificou o estado de espírito dos atores políticos e inclinou a balança em favor da República. Esse processo disseminou as ideias republicanas por camadas diversas da população até alcançar várias partes da Europa. Em termos simples, pode-se dizer que o trabalho revolucionário somente foi concluído na França com a criação da Terceira República na década de 1870, depois de décadas de agitação política, de novos surtos revolucionários e de retrocessos, como os protagonizados pelo governo de Napoleão III (1851-1870). Enquanto no século XIX a Europa era varrida por movimentos que levaram à reunificação da Itália, à criação da nação alemã, ao fortalecimento dos partidos socialistas, no Brasil, a luta pela "libertação" dos escravos trouxe para ordem do dia a questão social e a necessidade de eliminar as instituições que asseguravam um poder cada vez mais fechado sobre si mesmo e incapaz de seguir a onda de transformações que mudavam a face do mundo.

Nesse quadro convulsionado, atores como Silva Jardim deixaram claro que entendiam a dificuldade da tarefa proposta e agiam de acordo com essa percepção nos últimos anos da monarquia. Referindo-se a esse político, Maria Tereza Chaves de Mello diz:

> *Sua presença era tão marcante que seria impossível uma pessoa minimamente informada desconhecê-lo. Suas conferências foram reproduzidas em jornais e opúsculos. Seus comícios atraíam multidões. Ele sacudiu a corte com seu verbo inflamado. Provocava delírios por onde passava.*[44]

Ele falou em mais de sessenta cidades e costumava dizer que os brasileiros gostavam de discursos. Seu objetivo não era fazer

43  T. Tackett, *Par la volonté du peuple.*
44  M. T. C. de Mello, op. cit., p. 52.

uma revolução com armas, mas com a preparação da opinião pública para um novo tempo.[45] Aristides Lobo, Olavo Bilac e outros tinham a mesma perspectiva e também se propuseram a conquistar o "espaço público", conduzindo pacificamente o país a novas paragens.[46]

No Brasil, na segunda metade do século XIX, não havia consenso sobre o sentido da ideia de República, e menos ainda sobre a de democracia. Mas havia o desejo de derrubar um regime baseado no catolicismo, no ecletismo, na escravidão e no privilégio de poucos.[47] Isso parecia unir muitos atores que compareciam na cena pública. Olhando para o programa da Igreja Positivista brasileira, desenvolvido pelo filósofo Teixeira Mendes, temos uma visão dos pontos fortes da luta contra a monarquia. Em primeiro lugar estava o desejo explícito de fazer do Brasil uma República; em segundo a afirmação da necessidade de separar a Igreja do Estado instituindo, entre outras coisas, o casamento civil. Por fim, os positivistas viam como tarefa primordial a libertação dos escravos.[48] Agnosticismo, anticlericalismo, cientificismo, temas tradicionais de pensadores republicanos mundo afora, ganharam terreno no Brasil, ancorados na doutrina positivista herdada de Auguste Comte.

Além do pensador francês, a República americana também serviu de exemplo e guia para pensadores como Teófilo Otoni construir sua visão de um mundo livre e igualitário, ainda em pleno governo monárquico. Seu apego à história dos Estados Unidos era tão grande que fundou em Minas Gerais a cidade de Filadélfia, em referência aos acontecimentos que estavam na

45  Ibid., p. 54.
46  Idem.
47  Ibid., p. 94.
48  Ibid., p. 97.

origem da Revolução Americana.[49] Para ele, não havia dúvidas de que, para se alcançar a liberdade política e a plena igualdade entre os cidadãos, era preciso adotar o modelo federativo, aprofundar a representação popular e acolher um novo padrão de ocupação do território nacional. Mas as ideias republicanas também alimentaram o sonho de uma geração que queria estar em sintonia com os que afirmavam ser a monarquia uma forma retrógrada de governo. Terminar o trabalho da Revolução Francesa, inspirar-se na experiência americana, deixar-se guiar pelo progresso da ciência: esses eram os sonhos da maioria dos republicanos brasileiros. Como apontou Silva Jardim, em uma palestra realizada em 7 de abril de 1888 em São Paulo: "Demonstrei que a marcha da Humanidade levará à República."[50]

Como Mello resumiu:

> *A década de 1880 distinguiu-se pela grande atividade da inteligência: os jornais se multiplicaram e ampliaram seu público; a Revista Ilustrada bateu um recorde latino-americano com 4 mil assinaturas; conferências abolicionistas e republicanas enchiam auditórios entusiasmados; a mocidade militar participava ativamente dos debates nacionais; polêmicas literárias ou teóricas disputavam mentes apaixonadas. Tudo foi submetido à crítica, que, vivendo seu momento maior, ganhou foros de gênero literário. As instituições perderam sua sacralidade e se tornaram objeto de debates e até de chacota.*[51]

Portanto, se os acontecimentos de 1889 frustraram muitos que assistiram à agitação das décadas anteriores, isso não se

49 T. Otoni, *Notícias sobre os selvagens do Mucuri*, p. 95-163. A cidade de Filadéfia se chama hoje Teófilo Otoni.
50 M. T. C. de Mello, op. cit., p. 145.
51 M. T. C. de Mello, op. cit., p. 105.

deveu ao fato de que, no momento da proclamação da República, havia apenas "bestializados" e "bilontras" a observar o que estava acontecendo. Marcante foi o sentimento de derrota de muitos que haviam participado ativamente do processo de derrubada da monarquia.

A proclamação da República não mudou a "questão social", para usar o termo de Hannah Arendt. A população libertada dos laços da escravidão continuou a ser discriminada ao longo das décadas, e a diferença entre os estratos sociais só fez aumentar. O regime que se seguiu a 1889 tinha muito mais a fisionomia de uma oligarquia do que de uma República. A liberdade permaneceu o apanágio da elite. A igualdade entre os cidadãos, um sonho que não se realizou. Nesse sentido, é compreensível que até hoje a data pareça estranha e sem sentido para a maioria dos brasileiros. Dizendo isso, não acreditamos que seja possível encontrar uma realidade totalmente diferente daquela estudada, por exemplo, por José Murilo de Carvalho. Nosso desejo é apenas olhá-la de outro ponto de vista, um que nos permita enxergar aspectos da vida política brasileira que foram pouco visitados até hoje. Isto parece particularmente possível quando se trata de estudar a trajetória das ideias democráticas na época republicana.

## Dois pensadores da Primeira República: Manoel Bomfim e Oliveira Viana

A transição da monarquia para a República levou à desorganização de grandes setores da vida nacional. Os novos governantes se viram sem meios de estabilizar o funcionamento das instituições antes da Presidência de Campos Sales (1898-1902).[52]

---

52  Para uma história geral do período ver: B. Fausto (org.), *O Brasil republicano: estrutura de poder e economia (1889-1930)*.

A Constituição promulgada em 1891, vista por um observador estrangeiro, passava a ideia de que o Brasil entrava finalmente na idade da democracia moderna. A carta magna previa um regime presidencialista federalista com uma câmara de deputados e um senado. O Estado foi separado da Igreja e instituiu-se o casamento civil, reduzindo a presença da religião na vida da nação. A unidade do país deixou de depender da figura do monarca. Os estados da federação adquiriram muito mais autonomia em suas relações com o Estado Central, inclusive no campo fiscal, aproximando aparentemente o país da experiência norte-americana.[53] Olhando de perto, era possível verificar que, no novo arranjo político, as instituições tradicionais representativas dos modelos que haviam inspirado os constituintes haviam sido esquecidas no texto da carta constitucional.[54] Para os novos governantes, os conflitos deviam ser evitados a todo custo no nível federal. Ao governo central cabia a administração do país, deixando aos governadores dos estados a tarefa de regular a vida política e evitar que ela fosse constantemente perturbada pelas disputas de poder. O que foi chamado de "política dos governadores" significava que as disputas políticas deveriam ser confinadas nos estados e municípios, eternizando os acordos que regiam a política nacional.[55]

Um regime oligárquico foi construído sobre as cinzas da monarquia. Ele manteve muitas características da política de Segundo Reinado, notadamente os aspectos negativos. O governo central fez todo o possível para evitar a formação de uma oposição suscetível de ameaçar a estabilidade do todo. A República, convertida em oligarquia, representava as classes dirigentes e não o povo. A maneira de governar em meio a uma esfera política fracionada em partidos sem identidade clara, que se tornaria a

53  L. M. Schwarcz; H. M. Starling, op. cit., p. 320.
54  R. Lessa, op. cit., p. 139.
55  Ibid., p. 151-152.

marca da vida institucional brasileira, nasceu, segundo Sérgio Abranches, nesse momento. "O controle oligárquico se sobrepunha aos impulsos nascidos da diferença de interesses e da heterogeneidade sociológica das facções estaduais, para garantir uma aparente unidade politica no plano nacional."[56]

Não é de surpreender que, nesse contexto, um dos personagens centrais da vida política da Primeira República tenha sido o "coronel". Por meio do exercício autoritário do mando e da violência, ele garantia seu poder local fazendo valer sua lealdade ao governo central, que, em troca, garantia-lhe o apoio das forças federais contra opositores que quisessem perturbar a estabilidade do governo. Por sua parte, o "coronel" administrava sua região de influência da maneira que lhe aprouvesse, sem sofrer limitações ou interferência do poder federal em suas ações. Sem essa aliança entre um poder local, quase inteiramente autônomo, e um poder central, não submetido a contestações, o sistema oligárquico não poderia ter funcionado.[57]

Resumidamente, podemos dizer que a Primeira República implantou um sólido sistema de governo que garantiu o domínio das elites econômicas e sociais por muitos anos. Essa realidade, nascida do pacto entre as oligarquias regionais, escondia, no entanto, o fato de que, por trás da fachada equilibrada do poder central, havia um país em efervescência que mostrava sua face nos conflitos cada vez mais agudos que povoavam a cena pública em todo o país e que não podiam ser contidos pela manutenção de formas arcaicas de dominação. Se fizermos um balanço da situação da democracia e de sua implantação na sociedade

---

56  S. Abranches, op. cit., p. 34.

57  L. M. Schwarcz; H. M. Starling, op. cit., p. 322; M. I. P. de Queiroz, "O coronelismo numa interpretação sociológica". O livro clássico sobre esta questão é V. N. Leal, *Coronelismo, enxada e voto: o município e o regime representativo no Brasil.*

brasileira, somos levados a concluir que a primeira experiência republicana no Brasil teve poucos pontos positivos e adiou a entrada do país na modernidade política.

Comecemos pela questão da igualdade. No final do século xix, a luta pela abolição da escravatura constituiu um dos pontos fortes da política nacional e trouxe para a cena pública um grande número de homens e mulheres empenhados em promover uma mudança radical na estrutura da sociedade brasileira. Após a vitória de 1888, no entanto, nada pareceu mudar. Os escravizados não sofriam mais diretamente a violência de seus senhores e podiam, ao menos em teoria, se movimentar livremente por todo o país. Isso dissimulava o fato de que os libertos e descendentes de escravizados continuavam a ser discriminados por causa da cor da pele. Esse fato despertou o interesse de escritores como Lima Barreto, que souberam detectar o fato de que havia uma clara continuidade entre a posição social ocupada pelos novos libertos e aquela já conhecida pelos estratos pobres da população, que permaneceram excluídos da vida pública, condenados a lutar por sua sobrevivência todos os dias.[58] A abolição, longe de significar para grandes massas da população uma nova chance para alcançar a cidadania plena, apenas deu origem a uma nova discriminação, que fez com que os antigos escravizados passassem a ser tratados, como já acontecia com outras franjas da população, como cidadãos de segunda classe. Ao mesmo tempo, aportavam por aqui teorias raciais que iriam impulsionar políticas cada vez mais discriminatórias, como as que pregavam o "embranquecimento" da população por meio da entrada de imigrantes europeus como meio de livrar o país do atraso no qual se encontrava.[59]

---

58 L. M. Schwarcz, *O espetáculo das raças: cientistas, instituições e a questão racial no Brasil do século xix; Lima Barreto: triste visionário.*

59 L. M. Schwarcz, *Nem preto nem branco, muito pelo contrário: cor e raça na sociabilidade brasileira.*

No que diz respeito à participação política, a experiência dos primeiros anos do século passado foi catastrófica. Líderes locais organizavam as eleições de acordo com critérios extremamente restritivos. Os resultados eram conhecidos antecipadamente, e o número de eleitores era muito baixo. Quase todos os elementos típicos de uma democracia liberal representativa estavam ausentes. Não havia uma organização independente de partidos, os eleitores eram constrangidos pelos chefes locais a votar em seus candidatos, não se podia falar nessas condições de exercício da cidadania tal como definido pelas teorias democráticas contemporâneas.[60] Se lembrarmos que o número de analfabetos era muito alto e que o Brasil era fundamentalmente um país agrário, teremos uma imagem fiel de uma vida política que não permitia a expansão da cidadania tampouco a desejava. Para as elites, o valor supremo era o equilíbrio entre as diferentes partes do sistema oligárquico e valia fazer tudo para não ser perturbado por reivindicações de grupos sociais que lutavam para trazer à cena pública suas queixas.

Nessa lógica, é compreensível que o esforço para conter conflitos sociais e políticos fosse, na realidade, o esforço para impedi-los de emergir. Isso não significa que os conflitos não existissem nem fizessem parte da vida da nação. Durante os primeiros trinta anos do século xx irromperam conflitos agrários, as primeiras greves urbanas, a revolução *gaúcha* de 1923 e muitos outros atos de refutação do poder estabelecido. Um bom exemplo do clima político do país na época foi a marcha liderada por Luiz Carlos Prestes e Miguel Costa (1925-1927), que cobriu grande parte do território nacional. Seus participantes se insurgiam contra a política oligárquica, queriam tornar obrigatório o ensino público até o secundário, implantar o voto secreto e, de maneira ampla, enfrentar o problema da miséria, que iam

---

60 J.M. de Carvalho, *Cidadania no Brasil: o longo caminho*, p. 57.

conhecendo em toda sua extensão ao se deslocar pelo território brasileiro. Nascia aqui o chamado tenentismo, sobre o qual falaremos mais à frente, que terá um papel essencial na vida política da próxima década. Todos esses movimentos negam a ideia de que a experiência da República no Brasil tenha começado com um período de paz e estabilidade. Para os nossos propósitos, é importante notar que o país se mostrou incapaz de lidar com o conflito no contexto da democracia e do respeito pela Constituição. Conflitos eram tratados como atos criminosos que deveriam ser evitados a qualquer custo.[61]

No contexto da democracia anêmica estabelecida no país, não surpreende que a questão da identidade e das raízes da nacionalidade tenha ocupado um lugar preponderante nos esforços de reflexão sobre o Brasil. Paralelamente a este tema, havia a questão do sentido da comunidade que gradualmente se formou na nação supostamente libertada de seu passado escravagista. Como falar de uma comunidade em um país que excluía da vida política e econômica uma parte significativa daqueles que viviam em seu território? Como pensar a democracia quando a vida política não parecia conter nenhum de seus operadores mais importantes? Foram essas as questões que atravessaram a mente de muitos políticos, escritores e jornalistas.

\* \* \*

A Primeira República perdurou até o fim da década de 1920. Ela foi substituída pelo governo de Getúlio Vargas, que esteve longe de ser um regime democrático. Tendo chegado ao poder em 1930 depois de romper com o modelo oligárquico anterior, mas sem se comprometer com valores republicanos e democráticos, ele não fez avançar a implantação do regime democrático entre nós.

61  A. Alonso; H. Espada (orgs.), *Conflitos.*

No decorrer das décadas em que o país foi governado por uma elite restrita, o governo central e suas ramificações regionais regularam a vida politica sobre novas bases, sem que o retorno da monarquia tivesse sido reivindicado por importantes atores políticos. Embora alguns historiadores insistam ainda hoje que a monarquia manteve um alto prestígio entre a elite e até mesmo entre a população em geral, o fato é que ela perdeu todas as batalhas para retornar à cena pública ao longo do século xx.[62] Ora, na direção oposta, a busca por nossas raízes e por uma compreensão mais ampla de nossa história deu origem à busca de um sentido para a fundação da República no Brasil que, até hoje, está no centro da nossa vida política. Se podemos falar de "fracasso", de certo ponto de vista, também podemos falar da proclamação da República como o "início" de um novo caminho, que parece ter sido trilhado de forma contínua ao longo dos últimos cem anos.

Durante as primeiras três décadas do século xx, o tom mais pessoal dos escritos do período imperial desapareceu para dar lugar a reflexões centradas na nova realidade do país e na elucidação das origens de seus problemas.[63] Os temas dominantes foram as relações entre a economia e a política, a questão da formação histórica do país, o papel do Estado, o problema das raças, as consequências da preeminência das oligarquias na vida pública.[64] Trata-se de um período fértil durante o qual despontaram escritores como Alberto Torres, Oliveira Viana, Rui Barbosa e outros. A questão da identidade nacional assumiu um tom trágico nas obras de Euclides da Cunha, em que a oposição

---

62 Ver, a esse respeito, J. M. de Carvalho, *A formação das almas*, cap. 2.

63 N. Sevcenko, *A literatura como missão: tensões e criação cultural na Primeira República*.

64 W. G. dos Santos, *Roteiro bibliográfico do pensamento político-social brasileiro (1870-1965)*, p. 43.

entre o moderno e o arcaico ocupou o centro da cena.[65] Foi ele que, num texto publicado em 1900 – "Da Independência à República" – "chamou a atenção para a existência de dois Brasis: um, urbanizado, litorâneo, desenvolvendo-se com os benefícios da atenção governamental; outro, constituído pelas populações rurais, estagnado, sobrevivendo por si mesmo, fora do âmbito da ação ou interesse governamentais".[66]

Do lado dos juristas, os escritos de Rui Barbosa atestavam a preocupação com as instituições e a modernização do país.[67] No mesmo período, o homem público e diplomata Assis Brasil escreveu várias obras nas quais analisou a República e os desafios que ela enfrentava para se tornar uma democracia.[68] A questão democrática frequentemente aparecia nos discursos políticos, na imprensa e nas discussões públicas, mas não foi objeto de uma formulação original capaz de modificar o debate teórico amplamente ancorado nos autores europeus do período.

A escolha, portanto, dos pensadores do início do século XX Manoel José do Bonfim e Francisco José de Oliveira Viana, que serão vistos em mais detalhes, não se deve ao fato de serem ideólogos do regime que se instalou no país e que, como mostrado, era mais bem definido como uma república oligárquica do que como uma democracia republicana. Ao mesmo tempo, não se tratam de pensadores políticos que colocaram a questão democrática no centro de suas preocupações. Cada um deles ocupou um lugar distante das ideias dominantes das elites brasileiras de seu tempo, permitindo-nos analisar o estado das ideias

---

65 E. da Cunha, *Os sertões*. Sobre o autor, ver L. C. Lima, *Terra ignota: a construção de* Os sertões.

66 W. G. dos Santos, op. cit., p. 51.

67 R. Barbosa, *Finanças e política da República*.

68 Ver, por exemplo, J. F. Assis Brasil, *Democracia representativa*; *Ditadura, parlamentarismo, democracia*.

democráticas nas primeiras décadas do século xx. Em Bomfim, temos um pensamento radical, que avançou de forma original no caminho da crítica ao colonialismo e ao conservadorismo latino-americanos, abrindo espaço para a ideia de uma democracia radical. Na direção oposta, Oliveira Viana foi um pensador conservador, próximo dos teóricos europeus do poder das elites, que viam nas características dominantes do mundo ibérico um obstáculo quase insolúvel para a adoção de um sistema baseado na igualdade e na liberdade.

* * *

Manoel José do Bomfim (1868-1932) foi um dos pensadores mais interessantes da primeira metade do século xx no Brasil. Autor de vários livros, médico de formação, participou da vida literária de seu tempo, mas também da política e da discussão de projetos educacionais para o país, ao lado de seu amigo o poeta Olavo Bilac. Bonfim era muito bem informado sobre o pensamento europeu. Suas obras combinam com raro equilíbrio seus conhecimentos de história de sua pátria e do continente americano com a crítica das teorias raciais que circulavam por muitos países.

Em seu livro mais famoso,[69] o autor procura entender as dificuldades enfrentadas pelo Brasil no início do século xx à luz do seu passado colonial. Ao contrário de outros escritores, Bomfim explora a história colonial como uma experiência que moldou a vida política de todas as nações do continente, não apenas do Brasil. Para ele, as ações ruinosas dos colonizadores produziram efeitos através da era moderna sobre o continente, moldando a vida pública dos países a partir da prática do que ele chamou de "parasitismo". A utilização de uma metáfora biológica era reflexo de sua formação profissional, mas o mais interessante é o fato

---

69 M. Bomfim, *A América Latina: males de origem.*

de ele ver nesta prática das nações colonizadoras a ferramenta conceitual para entender a relação de dependência que Portugal e Espanha criaram com suas colônias na América do Sul. A partir dessa matriz teórica, ele acreditava ter a chave para elucidar o comportamento das elites que assumiram o poder após a independência das diferentes nações. Para ele, nossos males não tinham origem em fatores naturais ou raciais, mas em nossa formação histórica e na configuração desigual de nossa sociedade.[70]

Considerando que a ideia de "parasitismo" servia para entender o comportamento das nações que utilizam as terras situadas fora de seu domínio de origem como um território aberto a saques, Bomfim acreditava que esse tipo de comportamento era o modelo para as ações predatórias de grupos sociais e políticos, que se diziam herdeiros dos colonizadores. As elites latino-americanas do século XIX não seriam diferentes das elites ibéricas, que pouco se importavam com o destino da América do Sul: bastavam-lhes extrair o máximo de riqueza possível para se sentirem satisfeitas. Esta maneira de abordar a história do continente a partir de suas estruturas sociais e históricas permitiu-lhe escapar do racismo, que ganhou seus títulos de nobreza nas teorias políticas europeias da época.

Um exemplo de seu desprezo por pensadores que se serviam das teorias raciais se encontra nas duras críticas que dirige ao pensador Gustave Le Bon. "Pertence" – diz Bomfim – "a essa espécie de filósofo cuja inspiração é a inveja e cujo ideal é a riqueza, espécie que há trinta anos quer fazer escola na própria França."[71] Ainda mais radicalmente, ele diz que, para Le Bon, a força é o único instrumento eficaz em política e que o sucesso deve ser medido pela riqueza acumulada, seja por nações ou por indivíduos. Navegando contra a corrente dos pensadores que

---

70  A. Botelho, "Manoel Bomfim: um percurso da cidadania no Brasil".
71  M. Bomfim, op. cit., p. 345.

colocaram a questão da raça no centro de suas formulações sobre a natureza das sociedades contemporâneas, ele conclui: "Convém repetir: não há razões científicas, nem outras, que autorizem o sociólogo declarar um povo, qualquer que ele seja, incapaz de progredir."[72]

Para aquilatar a acuidade do pensamento de Bomfim basta lembrar que, quase na mesma época, Freud escreveu um texto (1921) no qual se serviu abundantemente do pensamento de Le Bon sem atentar para o caráter racista de muitas de suas considerações.[73] O autor brasileiro não apenas compreendeu o alcance e a natureza nefasta do racismo, que tomava conta do pensamento de figuras importantes do mundo cultural europeu, mas soube ver as consequências terríveis que poderiam advir da recepção dessas ideias entre nós.

A clareza do autor brasileiro sobre os riscos de pensamentos como os que surgiram no início do século xx na Europa permitiu-lhe ter uma visão aguçada das dificuldades do estabelecimento de uma democracia no Brasil. Como apontado, ele sabia que um regime livre devia ser autônomo em relação a outras nações e às condições de seu passado, especialmente quando se tratava de uma nação que era uma antiga colônia de Portugal ou da Espanha. Até então, Bomfim compartilhava sua visão com outros autores. O que lhe dava certa originalidade ao pensar a democracia é o fato de que ele sabia que as elites brasileiras se comportavam como se fossem forças colonizadoras, com "uma razão de existir fora da vida normal do país, pois que elas encarnam um organismo que tem existência e faculdades próprias e fazem valer as suas prerrogativas, defendem-nas, tratam naturalmente de fortalecê-las."[74]

---

72  Ibid., p. 336.
73  S. Freud, *Psychologie de masse et analyse du moi.*
74  M. Bomfim, op. cit., p. 210.

Prosseguindo na mesma direção, ele criticou a dimensão imaginária da concepção que muitos republicanos de seu tempo tinham de um regime de liberdades. Para eles, o prestígio do qual desfrutava a palavra república era suficiente e não se sentiam incomodados com o fato de defenderem um regime abstrato, que não precisava, para existir, estar vinculado à realização do bem comum dos povos. Com a proclamação da República no Brasil, o sufrágio universal foi imediatamente adotado sem que isso tivesse um alcance prático. Teoricamente, o voto era universal, mas, na prática, a Constituição discriminava boa parte da população, afirma Bomfim, por conta de seu analfabetismo, impedindo, assim, que a maioria dos brasileiros tomasse parte da vida do país. Para Bomfim, todas essas aparentes conquistas eram abstrações, uma vez que nem as elites governantes procuravam seguir a vontade do povo, nem foram capazes de superar a profunda desigualdade que prevalecia no país. Pelo contrário, a oligarquia perdeu seu pudor e começou a disputar posições e honras "não escondendo, nem nos atos nem nas palavras, o seu desprezo pelo chamado voto popular".[75]

O pensamento de Bomfim é elaborado por meio da construção de camadas sucessivas que se entrelaçam e iluminam diferentes aspectos da realidade. Como foi mostrado, ao buscar as origens ibéricas das frágeis instituições políticas latino-americanas ele fez da noção de "parasitismo" seu operador conceitual principal. A transposição desse conceito para a análise da sociedade brasileira vai além da simples identificação dos procedimentos predatórios, que desvelam a natureza do conservadorismo brasileiro. Longe de ser um fenômeno ligado à defesa dos costumes e das tradições do passado, o conservadorismo é a face particular do "parasitismo" das nações. Nesse movimento de elucidação dos vínculos entre o passado e o presente, entre

75    Ibid., p. 224.

o geral e o particular, Manoel Bonfim explicita o cerne de seu pensamento sobre a democracia. Após verificar a incapacidade do país em transformar a independência da metrópole em movimento em direção à autonomia e sua incapacidade em construir uma nação mais igualitária após a abolição da escravatura, Bomfim conclui que a proclamação da República não colocou o país no caminho da liberdade democrática, mas, ao contrário, consolidou seus traços mais negativos.[76]

Em sua investigação sobre a história do Brasil, o pensador se coloca resolutamente do lado da democracia, que define como o mais perfeito dos regimes, capaz de permitir que indivíduos vivam livremente, em harmonia com o resto dos membros da sociedade. Liberdade, igualdade, autonomia, participação, Bomfim era um pensador democrático. Ao mesmo tempo, era lúcido e rigoroso. Por essa razão, ao olhar para o Brasil de sua época, ele afirmava:

*Querer um regime moderno, com as almas cristalizadas nos costumes de três séculos atrás, não é uma utopia, é uma monstruosidade. Proclamar democracia e liberdade, e manter e defender as condições sociais e políticas das eras do absolutismo é mais do que insensato – é funesto, mais funesto do que o próprio absolutismo formal.*[77]

A crítica radical que ele dirigia ao seu tempo e aos escritores que se utilizavam das teorias racistas para pensar sociedades como as da América Latina não o conduziam a uma forma de desespero cético. Ao contrário dos pensadores conservadores, Bomfim estimava que, graças à educação pública, era possível quebrar os laços de uma sociedade aprisionada em seu passado colonial. Inspirando-se nos republicanos franceses da Terceira

76 Ibid., p. 357.
77 Ibid., p. 362.

República, como Jules Ferry e Émile Littré, ele estimava que através da educação seria possível superar o atraso das elites dominantes e promover a entrada do povo na rota de uma sociedade democrática igualitária com a qual ele sonhava.

Com **Francisco José de Oliveira Viana** (1883-1951), entramos em outro universo teórico. Como muitos de seus contemporâneos, ele teve formação jurídica, sendo fortemente influenciado por seu professor, Silvio Romero, e por autores muito lidos na época como Arthur de Gobineau, Gustave Le Bon, Gabriel Tarde, Henri de Tourville.[78] É difícil distinguir a influência de cada um desses pensadores sobre Oliveira Viana, mas é claro que alguns deles estiveram na origem de sua admiração pelas teorias da evolução e sua adaptação para os estudos sobre as sociedades ibero-americanas. Nessa área, nosso autor caminha numa direção muito diferente da de Bomfim, que criticava as ideias de Gustave Le Bon. Para Viana, o francês havia encontrado o caminho para a compreensão das limitações e do atraso do mundo latino. As ideias que tinham parecido uma aberração para Bonfim, sobretudo a de que havia uma raça superior, a ariana, e outras inferiores, que deveriam sofrer as consequências de sua hereditariedade, vão ajudar Oliveira Viana a construir um caminho teórico que está no centro da criação de um pensamento conservador e autoritário brasileiro ao longo do século xx.

Muitas das principais características do pensamento de Oliveira Viana já estão presentes em sua obra inaugural.[79] Escrita em 1918 e publicada pela primeira vez em 1920, o livro foi um grande sucesso de vendas, o que encorajou o autor a publicar vários outros nos anos seguintes. Entre os escritores brasileiros, Alberto Torres e Silvio Romero constituíram as influências mais

---

78  L. de C. Faria, *Oliveira Vianna: de Saquarema à alameda São Boaventura, 41 – Niterói*, p. 49.

79  J. F. de Oliveira Viana, *Populações meridionais do Brasil*.

visíveis. Em Alberto Torres (1865-1917), Oliveira Viana encontrou a crítica do federalismo e a crença na necessidade de centralização do poder no Brasil. Torres, que em alguma medida era próximo dos liberais e não um conservador extremado, como será seu discípulo, pensava, no entanto, que a garantia das liberdades individuais só poderia ser dada pelo Estado. O poder privado das oligarquias era incapaz de pensar e organizar o país para além dos domínios agrários. Para ele, a Primeira República, com seu sistema de divisão dos poderes, era a forma perfeita de governo para o Brasil. Comentando a situação, Torres afirma:

> *Na política, a anarquia das ideias e dos atos atinge as proporções do desvario. A ordem social, mantida por simples tolerância costumeira, já não corresponde à ordem das velhas organizações e está longe de satisfazer à organização dos novos elementos da sociedade. Os aparelhos e forças que equilibravam efetivamente o mundo foram substituídos, na lei e na política, por meras abstrações verbais e máximas conceptuais de filosofia social; e, como estas entidades abstratas, com que o idealismo quis fazer as colunas das novas civilizações: a liberdade, a justiça, o direito, todos os lemas das lutas revolucionárias, não possuem realidade objetiva, não representam o tecidos substanciais dos bens necessários ao homem: são meros atributos das suas aspirações na vida real; o esforço da sociedade contemporânea tem o aspecto de uma eterna ascensão ao cume atingível da fantasia.*[80]

Tal diagnóstico do estado das forças políticas brasileiras e da alienação dos intelectuais face à realidade do país influenciaram diretamente Oliveira Viana, que insistiu em muitos dos seus trabalhos sobre o efeito deletério da separação entre o "país legal" e o

80 A. Torres, *O problema nacional brasileiro*, p. 103.

"país real". Segundo ele, o primeiro existia apenas nas mentes dos pensadores liberais do Império e da nascente República, que se preocupavam com a ordem institucional da nação sem se ocupar com o que realmente acontecera nas grandes propriedades rurais ao longo dos séculos. Ora, dessa maneira, a grande propriedade rural definia o Brasil e lhe dava seu caráter político. A questão das raças, a natureza do homem do interior do país e o problema da centralização do poder estavam no centro de um pensamento marcado pelo desprezo pelas pessoas de cor e seus descendentes mestiços.[81] É a partir dessas coordenadas teóricas que a questão da democracia aparece em seu livro mais conhecido.

Como afirmou Francisco Weffort, em *Populações meridionais*, Oliveira Viana procurou encontrar na colônia as raízes do que observava em seu tempo. Retornou ao tema do "país sem povo", a partir do qual deduziu a ideia de que o Estado deve organizar a sociedade.[82] Como muitos autores de sua época, Oliveira Viana viu no liberalismo do Segundo Império a face trágica da elite cativa de seu passado aristocrático, que, ao mesmo tempo, reivindicava como suas as ideias em voga na Inglaterra e nos Estados Unidos. Com isso, elas se afastavam cada vez mais da realidade do país, para viver em um mundo de fantasia.

> *Os grandes construtores políticos da nossa nacionalidade, os verdadeiros fundadores do poder civil, procuram sempre, como o objetivo supremo da sua política, consolidar e organizar a nação por meio do fortalecimento sistemático da autoridade nacional. Os apóstolos do liberalismo nos dão, ao contrário, o municipalismo, o federalismo, a democracia como a última palavra do progresso político.*[83]

81 F. Weffort, *Formação do pensamento político brasileiro*, p. 256-264.
82 Ibid., p. 268.
83 J. F. de Oliveira Viana, op. cit., p. 290.

Para ele, "a única força viva do mundo político entre nós é o senhor de terras".[84] Sem levar a sério essa proposição, dizia, é impossível entender a história do Brasil.

No discurso liberal, era comum encontrar a afirmação de que os municípios eram o lugar de origem e de garantia da democracia. Para Oliveira Viana, essas eram palavras bonitas, mas que não tinham nada a ver com a realidade brasileira. A verdade é que não havia realmente no Brasil condados como nos Estados Unidos, mas clãs, que eram o elemento organizador de toda a vida do país. Em sua visão, o clã rural era mais patriarcal do que guerreiro, mas nem por isso deixava de ser uma forma de defesa das propriedades consideradas como realidades autônomas e às vezes autárquicas. O grupo que cercava o senhor obedecia cegamente à sua vontade e agia como se fosse uma organização prussiana, monolítica, capaz de fazer de tudo para que os desejos de seu mestre se realizassem. "O perigo é para cada clã, para cada domínio, para cada caudilho, coparticipante da luta: por isso, todos os seus capangas e todos os seus partidários se unem numa solidariedade viva e profunda como se fora um bloco monolítico."[85] Nesse contexto, estruturado com base em clãs rurais, não havia lugar para a solidariedade moderna.[86] O "atraso" do país não podia ser ultrapassado por atores políticos que não conheciam as causas profundas da incapacidade, a impossibilidade, Viana diria, de ver nascer uma democracia liberal em tais condições.

*Em síntese: o povo brasileiro só organiza aquela espécie de solidariedade, que lhe era estritamente necessária e útil – a solidariedade do clã rural em torno do grande senhor de terras.*

84 Ibid., p. 301.
85 Ibid., p. 356. L. de C. Faria, op. cit., p. 59.
86 A. de C. Gomes, "Oliveira Vianna: um *statemaker* na Alameda São Boaventura".

*Todas essas outras formas de solidariedade social e política –
os "partidos", as "seitas", as "corporações", os "sindicatos", as
"associações", por um lado; por outro, a "comuna", a "provín-
cia", a "Nação" – são, entre nós, ou meras entidades artificiais
e exógenas, ou simples aspirações doutrinárias, sem realidade
efetiva na psicologia subconsciente do povo.*[87]

Em um país organizado nesses moldes apenas regimes autoritários podem florescer. Com Viana, o pensamento conservador
brasileiro se tornou "moderno" na medida em que se estruturou
sobre as ideias conservadoras que progressivamente ocupavam
a cena política europeia após a Primeira Guerra Mundial (1914-
1918). Nosso autor dizia pertencer à tradição do pensamento re-
acionário brasileiro, que identificava em autores como "Olinda,
Feijó, Bernardo de Vasconcelos, Evaristo, Paraná, Eusébio, Uruguai, Itaboraí, Caxias".[88] Ao mesmo tempo, incorporou as teses
radicais e raciais que mais tarde estariam no centro dos regimes
nazistas e fascistas. Para ele, o Brasil era formado por um povo
pacífico e até apático e, portanto, não tinha tendência a procurar uma solução radical para seus problemas. Mas para que essa
"natureza calma" fosse respeitada, era necessário enquadrá-la
em uma estrutura estatal forte e bem definida. A democracia não
era de modo algum o território apropriado para um país que tinha uma história muito diferente daquela das nações europeias.

\* \* \*

A história brasileira contemporânea foi marcada pela imensa
dificuldade do corpo político de caminhar rumo a uma forma
de governo republicano e democrático. Na ausência do gesto

87  J. F. de Oliveira Viana, op. cit., p. 345.
88  Ibid., p. 405.

inaugural capaz de tocar as mentes e facilitar a construção de um mito fundador, que desde o início funciona como um caminho que garante a força da fundação, o país fez um esforço contínuo para criar novas formas políticas, sem conseguir superar as condições iniciais relacionadas com as profundas desigualdades que marcam sua formação.

No seu estudo sobre a Primeira República, o cientista político Renato Lessa menciona diferentes momentos "entrópicos", aos quais sucederam períodos de estabilidade relativa do sistema oligárquico. Compartilho sua análise do funcionamento da Primeira República. Parece-me, todavia, que a entropia não era um elemento momentâneo da vida política nacional. Como proposto na introdução deste trabalho, a entropia é ao mesmo tempo o resultado e o elemento propulsor da trajetória da democracia brasileira. Durante os períodos em que o regime democrático existiu no país, ele não foi capaz de lidar com as dificuldades de conservação de uma forma política baseada na soberania popular, sobretudo quando não reduziu de maneira significativa as desigualdades sociais. Nesse contexto, os esforços visando conter os conflitos políticos e a energia utilizada para impedir a expansão da participação popular constituem a base do comportamento entrópico das instituições da Primeira República. Não é uma "natureza" exterior à história, mas o resultado do comportamento de estruturas que se mostraram incapazes de responder às demandas populares por uma maior igualdade, uma maior liberdade e uma maior participação na cena pública. Em outras palavras, a Primeira República entrou em colapso em razão da impossibilidade estrutural de conter a ruptura dos pontos de estabilização do regime, quando este é levado a um comportamento entrópico por fatores que deveriam protegê-lo das transformações internas. Uma república oligárquica pode enganar alguns observadores com suas instituições de fachada, mas não pode conter sua própria dissolução. Vários pensadores da época adivinharam as fraquezas desse sistema sem necessariamente pensá-lo a partir de uma teoria da democracia. Os anos seguintes seriam decisivos para o caminho das ideias democráticas no Brasil.

# A Era Vargas e a Segunda República (1930-1964)
## O Brasil em direção à modernidade democrática

Se tivéssemos de encontrar um nome de síntese para este capítulo, seria Getúlio Vargas. Ao longo de mais de três décadas, ele foi a figura dominante do país, patrocinando novas constituições, governando de forma autoritária, disputando eleições e se fazendo presente em todos os domínios da vida nacional. Com ele conhecemos um período ditatorial e a regeneração das esperanças democráticas, para finalmente vermos o país ser virado de ponta cabeça por um novo golpe de Estado, que estava sendo gestado desde o começo da Segunda República. A democracia fez sua entrada triunfal ao fim da Segunda Guerra mundial, em termos diferentes do que havia existido antes no país, mas nem por isso se consolidou como regime político.

Durante esse período, a questão democrática esteve presente em muitos trabalhos e escritos. No campo conservador, autores como Oliveira Viana não hesitaram em criticar o liberalismo, posicionando-se abertamente em favor dos regimes autoritários. Nos anos 1920, ele adotou posições próximas das de Alberto Torres, mas também se deixou influenciar por posições racistas, que abandonaria mais tarde. Seja como for, junto a escritores como Azevedo Amaral, acreditou até o fim da vida que o Brasil estava destinado a ser governado por atores ou partidos autoritários. Se o país fugisse desse imperativo, segundo ele, veria sua posição se enfraquecer paulatinamente a ponto de estar condenado definitivamente a um lugar irrelevante no mundo. Esta crença perdeu sua vitalidade no pós-guerra (a partir de 1946), para ressurgir no decorrer da década seguinte pelas mãos dos ideólogos da nova ditadura militar. Em muitos dos autores que não se alinharam com correntes de pensamento conservadoras, a democracia ocupou um lugar importante.

No início do período aqui estudado, vimos nascer com Sérgio Buarque de Holanda, Gilberto Freyre e Caio Prado Júnior uma série de livros que se tornariam clássicos de nossa história intelectual. Na década de 1950, quando o país retomou o caminho da democracia, mas enfrentou percalços que levariam o regime ao colapso na década seguinte, nomes como os de Florestan Fernandes e Raymundo Faoro continuaram a buscar instrumentos conceituais para compreender o atraso do Brasil e o alcance das práticas patrimonialistas, que estruturaram o exercício do poder ao longo dos séculos. Na época, não foram produzidos textos teóricos que tentassem sistematizar o conceito de democracia ou apresentar uma visão normativa do regime. Essa não era a tarefa a que se dedicavam esses autores nem a maneira como escolheram expressar seus pensamentos. Ao optar por estudar a questão, expandindo nossas ferramentas teóricas e abandonando a ideia de que a democracia só pode ser pensada por intermédio de teorias normativas, pudemos constatar que, no complexo contexto cultural e político brasileiro, uma série de discussões, debates e propostas mostraram que o tema não era uma questão secundária na vida do país. No decorrer das décadas seguintes, esse legado será acrescido e ampliado, contribuindo para tornar o pensamento da democracia um dos eixos da reflexão e da prática política brasileiras.

# O ovo da serpente

A Primeira República durou mais de trinta anos, mas, no início dos anos 1930, os arranjos oligárquicos não conseguiram mais conter a crescente insatisfação dos estados da federação que se sentiam excluídos do pacto informal que, nos últimos anos, dividia o poder entre Minas Gerais e São Paulo, numa dinâmica conhecida como política do café com leite. No decorrer dos anos 1920, o país tinha sido cenário de uma grande agitação política. A principal fonte dos movimentos eram os "tenentes", que estiveram no centro das revoltas que eclodiram em 1922 (Revolta do Forte de Copacabana), em 1924 (Revolta Paulista comandada pelo tenente Isidoro Dias Lopes), em 1925 (Coluna Miguel Costa-Prestes) e em alguns outros estados da federação. Toda essa agitação terminaria na chamada Revolução de 1930. Os "tenentes" foram seus partidários mais importantes.[1]

Os movimentos de protesto que dominaram o cenário político da segunda década do século revelaram o grande mal-estar que gradualmente se instalou nas diversas camadas da população. A Constituição de 1891 estava em grande parte baseada em uma concepção liberal do Estado, mas na prática havia muito pouco de liberalismo na vida política do país e ainda menos de democracia, embora a palavra aparecesse em discursos de partidos políticos variados. Os tenentes espalharam sua mensagem por vários setores da sociedade, em particular a classe média, sem, todavia, se tornar um elemento ideológico unificador das forças políticas que lutavam contra as oligarquias regionais. O "tenentismo", afinal, não era um movimento de grande coesão ideológica e se via como um elemento de salvação nacional, responsável pela salvaguarda das instituições republicanas e seus princípios. Defendiam um

---

1 M. C. S. Forjaz, *Tenentismo e política: tenentismo e camadas médias urbanas na crise da Primeira República.*

nacionalismo vago, pregavam a centralização das forças do Estado e atacavam o liberalismo enquanto corrente de pensamento adaptada a outros povos, mas não ao Brasil. Mas isso não os levou a advogar por uma maior participação popular na vida política e pelo estabelecimento de um regime verdadeiramente democrático. Ao contrário, eles pensavam que o poder das elites ligadas à nação era a melhor via para livrar o país do atraso a que fora condenado pelas forças que dominavam a cena política já fazia algum tempo.[2]

Em 1930, alguns sonhos da oposição se materializaram. A eleição para presidente do então governador de São Paulo, Júlio Prestes, pelo sistema que garantira até então a estabilidade do poder central, foi posta à prova pela rebelião aberta dos estados do Rio Grande do Sul, Minas Gerais e Paraíba.[3] O que originalmente parecia ser uma mera manifestação de desconforto de alguns grupos políticos com a marcha dos acontecimentos acabou se transformando em uma revolta armada que eclodiu no dia 3 de outubro. O movimento traria ao topo do governo provisório uma figura que dominaria o cenário político brasileiro nas décadas seguintes: Getúlio Vargas.[4] Vargas assumiu o poder em nome da Aliança Liberal, que reunia diversas forças políticas e se apoiava na experiência militar dos "tenentes".[5] Apesar da promessa de mudar a vida do país,

*não havia nenhuma fé democrática do país a ser restaurada por Vargas. A Aliança Liberal prometeu refundar a República, sustentou sua promessa num impressionante programa de reformas, mas as grandes forças políticas responsáveis por sua institucionalização não tinham origem nem vocação democrática.*[6]

2   B. Fausto, *A Revolução de 1930: historiografia e história.*
3   L. M. Schwarcz; H. M. Starling, op. cit., p. 359.
4   Para uma biografia de Vargas ver B. Fausto, *Getúlio Vargas.*
5   L. M. Schwarcz; H. M. Starling, op. cit., p. 356.
6   Ibid., p. 362-363.

Nos anos seguintes, com Vargas no poder, assistiu-se à introdução da legislação social e do trabalho, a implementação da seguridade social, o reconhecimento do direito de voto das mulheres (1932), mas toda essa movimentação não conduziu o país a um regime de liberdades. Ao contrário, as forças favoráveis a um governo forte e centralizado se tornaram progressivamente preponderantes no país.[7] Em 1932, o Brasil assistiu ao surgimento de um verdadeiro partido fascista: a Ação Integralista Brasileira. Seus membros retomaram os discursos racistas, elogiaram Mussolini e imitaram o comportamento de suas milícias, promovendo desfiles nas grandes cidades, adotando vestimentas com ares militares e um tom de ameaça contra os que não apreciavam sua movimentação. No auge da atividade, nos anos 1930, a Ação Integralista Brasileira chegou a ter cerca de 200 mil membros espalhados por todo o território nacional. No início, Vargas procurou usar o movimento para seus próprios fins, mas rapidamente compreendeu o perigo de ter ao seu lado um partido que ambicionava tomar o poder por quaisquer meios. Para conservar seu lugar, ele sabia que era necessário preservar o monopólio das forças de direita, combater a esquerda e assegurar a construção de um Estado nacional forte. Ao mesmo tempo, porém, era necessário proteger-se contra uma organização que queria copiar seus homólogos europeus que haviam chegado ao poder.

Getúlio Vargas soube como fazer as duas coisas. Por um lado, reprimiu duramente as organizações de esquerda reagrupadas na Aliança Nacional Libertadora, que, em 1935, tentou um golpe com as poucas forças militares à sua disposição.[8] Por outro lado, o presidente manipulou seus partidários e opositores até o estabelecimento de uma ditadura aberta em 1937 com a promulgação do Estado Novo (1937-1945). De forma surpreendente, em 1934,

7   Ibid., p. 362.
8   Ibid., p. 371.

ele havia apoiado a confecção de uma nova Constituição, com claras características democráticas. O federalismo foi mantido, expandiu-se o processo eleitoral expandido e as instituições políticas foram fortalecidas.[9] Mas tratava-se de um jogo tático. No auge de seu poder, Vargas não estava disposto a abandonar tudo o que conquistara ao longo dos anos em nome de ideais que não eram os seus. Isso ficou ainda mais claro quando, em 1937, ele fez aprovar a Constituição que instaurou o Estado Novo. Inspirada na Constituição autoritária da Polônia, redigida em grande parte pelo jurista Francisco Campos, a nova Carta concentrava poderes nas mãos do presidente, limitando em muito a atuação dos outros atores estatais. Dentre seus mecanismos constava o estabelecimento de eleições indiretas para presidente, cujo mandato passava a ser de seis anos. As greves ficavam proibidas e a pena de morte voltava a ser aplicada. Toda forma de oposição de funcionários ao governo podia ser punida com a expulsão do serviço público. O plebiscito previsto para referendar a nova Constituição nunca ocorreu. Livre das barreiras constitucionais da antiga carta, Vargas pôde assumir plenamente o caráter ditatorial de seu governo, aproximando-se não apenas de regimes autoritários como os de Portugal, mas também da experiência do regime fascista italiano.

Em 1939, ele deu o golpe de misericórdia nos defensores da democracia em todas as suas formas. Ao criar o Departamento de Imprensa e Propaganda (DIP), o governo ditatorial pôs fim a qualquer atividade de reflexão suscetível de criticá-lo ou combatê-lo. A censura se tornou onipresente na vida do país ao influenciar e limitar o comportamento e a produção de artistas, jornalistas, escritores e homens políticos. Depois de derrotar o Partido Integralista e esmagar o movimento comunista, Vargas adotou uma grande parte do imaginário fascista em sua

9   Ibid., p. 367.

conduta. A cultura tornou-se uma importante ferramenta para o regime, desde que associada a temas que favoreciam "novas ideias". Naquela época, a música e a literatura populares, assim como o folclore, eram valorizados, sempre em conexão com o projeto de exaltação do novo poder. Mas todas as manifestações das artes, da literatura ou das ciências sociais e políticas, que dependiam da liberdade de expressão, eram implacavelmente perseguidas. O Estado Novo não se tornou um regime fascista integral, embora tenha copiado muitos de seus programas e estratégias de poder. Com a guerra e o alinhamento do Brasil aos Aliados, era mais difícil expressar a admiração que muitos membros do governo nutriam pela Itália fascista e pela Alemanha nazista. Mas isso não significou um afrouxamento das medidas de exceção nem da perseguição aos inimigos políticos. A ditadura não era apenas um inimigo feroz da democracia, ela também tentava impedir qualquer reflexão sobre os problemas nacionais e o afloramento de reivindicações relacionadas com a defesa da liberdade política. Nesse sentido, marcou com mão de ferro a cultura política da época.

## Os anos férteis (1930-1945)

Em que pese, no entanto, a repressão muitas vezes violenta das atividades culturais e dos movimentos de contestação, o debate sobre a democracia não desapareceu inteiramente do cenário nacional e foi responsável pelo aparecimento de um conjunto de obras que até hoje são um marco em nossa história intelectual. Os debates sobre o tema, já no século xix, como assinalado, faziam parte das preocupações de autores tão variados quanto Joaquim Nabuco, Tavares Bastos e Visconde do Uruguai. Ao analisar o período em questão, parece importante reconhecer as linhas de continuidade que às vezes conectam de maneira insuspeita autores contemporâneos com aqueles que não tinham a mesma sensibilidade política ou compartilhavam determinada concepção da natureza das ciências sociais.

Quando não adotamos a perspectiva do fracasso das experiências republicanas do século passado, percebemos que há um panorama intelectual muito mais rico e variado do que supomos. Comentando a produção intelectual da época, Wanderley Guilherme dos Santos afirmou: "Entre 1930 e 1939 produzem-se no Brasil as mais argutas análises sobre o processo político nacional, elaboram-se as principais hipóteses sobre a formação e funcionamento do sistema social, e articula-se o conjunto de questões que, na verdade, permanecerão até hoje como o núcleo fundamental embora não exaustivo de problemas a serem resolvidos teórica e praticamente."[10] Textos, que mais tarde serão considerados clássicos, foram publicados nesse momento. Ao mesmo tempo, veio à luz nesse mesmo período uma série de estudos que ampliaram o escopo das investigações sobre a vida política no Brasil e que hoje são menos conhecidos.[11] A democracia foi um tema presente e foi discutida num contexto no qual a questão do regime político estava estreitamente ligada à da formação da nacionalidade ou à da natureza do povo brasileiro.[12] Com isso, foi descartada por alguns como uma possibilidade real para ordenar o corpo político, que, de acordo com autores como Martins de Almeida,[13] não poderia contar com o apoio de um povo apático para enfrentar os dilemas do tempo e instituir um regime baseado na liberdade e na igualdade. Numa outra

10 W. G. dos Santos, op. cit., p. 44.
11 Para um panorama da vida intelectual brasileira no período, ver W. Martins, *História da inteligência brasileira*.
12 M. J. de Rezende, "A democracia no Brasil: um confronto entre as principais perspectivas teóricas na primeira metade do século xx".
13 M. de Almeida, *Brasil errado*.

via, autores atentos ao que acontecia no país com o surgimento de novos agentes no cenário público, como foi o caso dos "tenentes" nos anos 1920, ou de setores da classe média, que demandavam mais espaço na política, procuravam entender o que estava acontecendo e quais eram as reais possibilidades de colocar o país no caminho da modernidade. Influenciados mais ou menos diretamente pelas teorias conservadoras europeias da época, muitos chegaram à conclusão de que o caminho mais interessante para o Brasil seria o do estabelecimento de um governo forte capaz de guiar a sociedade num mundo em transformação. Não é de se surpreender que intelectuais que defenderam o governo Vargas acreditaram que não havia contradições reais entre um governo autoritário e a democracia. Jogando com o significado das palavras, eles utilizavam uma imagem abstrata do regime para misturá-lo com ideias que nada tinham a ver com a tradição republicano-democrática. No máximo, tratava-se de um simulacro, que tinha uma função retórica e política, mas não conceitual.

Virgínio Santa Rosa (1905-2001) foi um exemplo desse comportamento. Engenheiro, foi membro da Liga de Defesa da Cultura Popular, associação ligada à Aliança Nacional Libertadora, e procurou participar da política não apenas para expressar suas convicções pessoais, mas também para influenciar no rumo das ações governamentais, sobretudo quando se tratava de obras relacionadas com o transporte ferroviário. Ele criticou as elites do país que, ao manipular a população rural, impediam que novos atores participassem efetivamente do jogo político. O que chamou de pequena burguesia urbana era a parcela da população que estava, a seu ver, no meio da disputa entre industriais e proprietários de terras, sem poder fazer valer suas reivindicações. Em seu livro *O sentido do tenentismo*, Santa Rosa apoia a tese de que os movimentos de protesto dos anos 1920, especialmente aqueles conduzidos pelos tenentes, mudaram a face do Brasil.[14] Essa constatação o levou a buscar novas ferramentas conceituais para entender a história do país. Ao mesmo tempo ele se perguntava sobre quais ações poderiam salvar o país das mãos da burguesia, que batizou de "plutocracia", que havia dominado o Brasil durante todo o período republicano, impedindo-o de encontrar seu lugar entre as nações desenvolvidas. Santa Rosa manifestou um verdadeiro ódio às oligarquias locais. Para ele, como para muitos outros pensadores de sua geração, o sistema político brasileiro estava corrompido pela "política de governadores", que garantia que o poder permanecesse sempre nas mesmas mãos ao longo dos anos. A crítica antioligárquica estava acompanhada por uma crítica ao federalismo e pelo desejo de ver nascer um governo central forte, capaz de modificar profundamente a vida política do país.

Esse tipo de pensamento o aproximou de ideologias radicais, que estavam no coração das profundas transformações sofridas por países como Itália, Alemanha e Rússia durante as primeiras décadas do século. Isso o fazia admirar ao mesmo tempo o fascismo italiano e o bolchevismo. Para Santa Rosa, a democracia liberal não tinha como sobreviver no novo contexto mundial. Ele criticava ainda os parlamentos, o sufrágio universal e tudo que a ele se associava. Em sua visão, essas instituições só serviam para enganar amplos setores da população, encantados com promessas que nunca seriam cumpridas. O mundo de liberdade e autonomia do ideário democrático liberal nada mais era do que um engodo para as classes produtivas.[15] Nesse período, o pensador manifestou sua admiração pelos integralistas, mas terminou nos braços de Getúlio Vargas, que o convidou para

---

14  V. Santa Rosa, *O sentido do tenentismo*. Para uma visão de conjunto da obra, ver G. A. M. de Saes. "O pensamento político de Virgínio Santa Rosa: um esboço interpretativo".

15  V. Santa Rosa, op. cit., p. 158.

participar do governo atuando no desenvolvimento de ferrovias. Para Santa Rosa, Vargas parecia mais capaz de construir um estado forte no país do que o pequeno movimento radical de Plínio Salgado, que estava, segundo ele, condenado a permanecer fechado no pequeno mundo de seus aderentes. Com essa convicção, ele se tornou um arauto do novo regime.

O pensamento político brasileiro não teve, até a segunda metade do século xx, um caráter sistemático comparável ao que existia em outros países. Os juristas e historiadores, no entanto, eram muito bem informados sobre o que estava acontecendo nas universidades europeias. A esse respeito, basta notar que um autor tão pouco estudado fora da Alemanha da época como Carl Schmidt já fazia parte das leituras de juristas conservadores e de sociólogos brasileiros no início dos anos 1930. A principal tarefa para muitos pensadores era entender o "Brasil", oferecer a seus leitores um modelo capaz de explicar, a partir de referências teóricas variadas e nem sempre compatíveis entre si, o significado da constituição da nação e do Estado sob as condições históricas e geográficas do Brasil. Nesse contexto, o ensaio e não a tese ou o artigo científico era a forma de expressão por excelência desses autores. Os livros que se tornariam clássicos do pensamento brasileiro, como *Casa-grande e senzala* (1933), de Gilberto Freyre; *Formação econômica do Brasil* (1954), de Celso Furtado; *Evolução política do Brasil* (1933), de Caio Prado Júnior; *Raízes do Brasil* (1936), de Sérgio Buarque de Holanda; ou *Os donos do poder* (1958), de Raymundo Faoro, são todos escritos de forma muito erudita e com forte cunho literário. Como as grandes universidades brasileiras foram constituídas apenas na primeira metade do século xx, a literatura constituía o modelo de escrita por excelência. O objetivo declarado de muitos desses livros era fornecer uma chave para entender a história do país, que não podia ser desvendada pelos padrões conhecidos da história europeia. Para isso, era preciso encontrar explicações abarcando a longa duração – o país é fruto de seu passado colonial e ibérico – e, por outro lado, pensar o presente de nossa formação social à luz das novas determinações do mundo contemporâneo.

Mesmo deixando de lado a pretensão de fazer uma genealogia completa das múltiplas vias pelas quais a questão da democracia surgiu e se desenvolveu entre nós, é possível distinguir grandes linhagens intelectuais em torno das quais o universo do pensamento político no Brasil se organizou na primeira metade do século xx. De um lado estavam os pensadores "conservadores"; do outro, os pensadores "liberais", ao lado destes, o marxismo começava a trilhar seu caminho entre nós. Certos textos podem ser lidos ao mesmo tempo como escritos de sociologia, de antropologia ou mesmo de teoria econômica. As fronteiras não eram rígidas. Partindo de alguns exemplos, pode-se traçar um quadro um tanto impressionista da realidade literária e teórica do Brasil das décadas de 1930 a 1950. Mesmo em se tratando de um retrato parcial, ele serve para dirigir nosso olhar para as "famílias intelectuais", que buscavam compreender a natureza da democracia e seu contexto de implantação no Brasil. Vamos nos deter em duas famílias intelectuais, os conservadores e os liberais, mesmo sabendo que, com isso, deixamos de lado algumas variantes importantes da produção intelectual brasileira que muitas vezes tinham um caráter ambíguo e se expressavam em linguagens como peças de teatro, músicas populares e escritos jornalísticos.

Nesse vasto universo de ideias, podemos falar de um pensamento conservador na obra de Oliveira Viana, à qual nos referimos, e que já estava presente nos escritos do Visconde do Uruguai ou de Alberto Torres. Uma das principais características dessa família intelectual é a afirmação do caráter inacabado da formação política brasileira e o elogio do Estado, considerado a entidade principal da vida do país. Oliveira Viana, partindo de uma veemente crítica das elites do país, fazia a defesa sem nuances de um Estado forte, como já vimos. Para ele, nos diz

**92**

Brandão, no contexto de uma vida política anêmica, onde "as oligarquias são estúpidas, a democracia política é uma ilusão".[16] O Estado era, para o pensador, o fiador das liberdades e da autoridade, porque sem um Estado forte, infenso aos jogos partidários e capaz de barrar os interesses individuais em nome do interesse maior da nação, estas fenecem.[17] O pensamento conservador baseava-se, portanto, na ideia de que somente um Estado ao mesmo tempo fiador das liberdades e da unidade da nação podia assumir o papel do pedagogo político. Um povo imaturo precisava de uma autoridade governante solidamente assentada, para encontrar a via do desenvolvimento.

No outro lado do espectro, para os pensadores "liberais", como Tavares Bastos, era necessário "buscar o maior progresso na sociedade através da maior expansão da liberdade individual".[18] A aplicação deste programa clássico, no entanto, encontrava grandes dificuldades, pois, no Brasil, o Estado tinha se consolidado antes da sociedade. Por esta razão, o Estado foi, em diferentes épocas da nossa história, a única garantia dos indivíduos contra o poder da elite e, ao mesmo tempo, a força que impediu a sociedade de se desenvolver. O pensamento liberal brasileiro sempre foi influenciado por esse fato paradoxal: o Estado precedeu a nação. Como afirma, Gildo Marçal Brandão, excelente conhecedor da história intelectual brasileira:

> *Coerente com os seus pressupostos, o liberalismo brasileiro – monarquista ou republicano – toma a questão da representação como decisiva, propõe o federalismo (eventualmente) e o parlamentarismo, reconhece a necessidade de um Executivo forte, defende a independência e o papel de árbitro*

16 G. Marçal Brandão, "Linhagens do pensamento político brasileiro", p. 247.
17 Idem.
18 Tavares Bastos, apud G. Marçal Brandão, idem.

*constitucional do Judiciário, em cuja aristocracia deposita boa parte de suas esperanças de preservação da liberdade, e pensa a ação e a organização da vida política como um espaço cujo centro é o Parlamento, que deveria funcionar como uma espécie de tribunal, no qual a verdade ou o melhor resultado emerge por meio da exposição dos argumentos e réplicas, do choque agônico e não antagônico de interesses, e das prudentes composições entre as partes, todas supostamente livres e autônomas em relação ao mundo exterior, e movidas essencialmente pela preocupação em promover o bem público.*[19]

Este programa esteve no centro de boa parte das reflexões sobre o pensamento democrático nos anos 1980 e continua, de certa maneira, a pesar sobre a maneira de pensar de importantes atores políticos brasileiros contemporâneos. Nos anos que nos interessam neste capítulo, o liberalismo era ao mesmo tempo muito vago e muito presente no discurso teórico e político.[20]

Deixando de lado as classificações, passemos à exposição das ideias de alguns dos autores mais influentes do período, o que nos ajuda a entender o percurso das ideias democráticas ao longo das décadas que se seguiram ao final da Primeira República. Embora não possamos falar de um denominador comum entre os vários trabalhos desse período, é inegável que, para muitos deles, o sentimento de fracasso da política da Primeira República e a insuficiência de suas instituições para dar conta das mazelas do país real eram um ponto de partida sólido. Diante do fracasso do estabelecimento de uma democracia liberal com a República, tudo se passa como se fosse necessário

---

19  Ibid., p. 249.

20  A respeito das disputas entre essas duas correntes de pensamento, ver L. Werneck Vianna, "Americanistas e iberistas: a polêmica de Oliveira Vianna com Tavares Bastos".

aprofundar o estudo da história do país para encontrar as raízes do mal. Não é por acaso que esta palavra aparece em tantos textos da época, embora nem sempre tenha o mesmo significado e não seja explorada pelas mesmas ferramentas conceituais. Descobrir a "verdadeira identidade" do país tornou-se o caminho para desvendar o presente e iluminar os caminhos do futuro.

\* \* \*

Nosso primeiro autor é **Gilberto Freyre** (1900-1987). O sociólogo não era um pensador da política, pelo menos diretamente, mas um pensador da cultura e da formação do Brasil. Desse lugar, ele introduziu temas e problemas que permitiram colocar em xeque as afirmações dos pensadores conservadores que julgavam que o Brasil era inadaptado à civilização ocidental e incapaz de organizar a vida política de outra forma que não fosse a dos regimes autoritários. Se devêssemos nos perguntar como construir uma democracia liberal com todas suas instituições no país, a resposta retirada dos livros de autores da década de 1930 seria decepcionante. De fato, eles não analisavam diretamente o problema e não davam indicações de como fazê-lo. Se, no entanto, analisarmos o tema da democracia a partir de outro eixo conceitual, veremos que Gilberto Freyre, juntamente com outros, abriu um campo de investigação extremamente fecundo.

Podemos dizer, seguindo as análises do historiador Ricardo Benzaquen, que se debruçou na obra de Freyre, que, nos trabalhos do autor pernambucano dos anos 1930, é possível encontrar em operação dois princípios: o de um "antagonismo em equilíbrio" e o de uma argumentação "antinômica e paradoxal".[21] Pelo primeiro, o estudioso compreende a ideia segundo a qual o

---

21  R. Benzaquen de Araújo, *Guerra e paz: Casa-grande e senzala e a obra de Gilberto Freyre nos anos 1930.*

pensamento de Gilberto Freyre sempre opera a partir do hibridismo da composição da sociedade brasileira.[22] Para entender essa afirmação, convém lembrar que, para ele, a miscigenação é a característica dominante da construção do povo brasileiro. Embora isso seja evidente na vida cotidiana, não produz uma visão sintética do país. Contrariamente aos diferentes componentes da sociedade, o colono branco, enquanto experimentava a mistura de raças e de costumes, recusava-se a ver a si mesmo como um produto dela. Esse comportamento, no entanto, não levou, segundo Freyre, à total rejeição de sua condição mista, mas a um constante movimento de ruptura e de equilíbrio. O segundo princípio de leitura do livro refere-se ao fato de que Gilberto Freyre sempre procurou ver os dois lados de uma questão sem, todavia, procurar estabelecer uma síntese. Consequentemente, seus livros têm um ar de incompletude, parecendo ser inconclusivos. Isso se deve, em nossa opinião, ao fato de que ele não está interessado em resolver os problemas levantados, mas em demonstrar sua fertilidade para a compreensão do Brasil.

Em *Casa-grande e senzala*, Gilberto Freyre propõe uma narrativa da colonização e de seus desdobramentos que altera radicalmente muitas das interpretações que atribuíam, até então, ao caráter precário da implantação dos portugueses em solo brasileiro sua violência e sua falta de gosto pelo trabalho. O produto dessa história teria sido o fracasso em obter nos trópicos o mesmo efeito civilizador que os ingleses obtiveram na América do Norte.[23] O autor conhecia muito bem essas teorias e sua influência na ideia de que o Brasil fora uma experiência fracassada da aventura lusitana.

Sua primeira preocupação foi mostrar que, ao contrário do que se acreditava, os portugueses eram dotados de uma

22  Ibid., p. 70.
23  G. Freyre, *Casa-grande e senzala*.

natureza plástica, uma grande capacidade de adaptação a um ambiente físico muito diferente do da Europa, e de uma vasta experiência adquirida na Ásia e África. Essas características, combinadas com a propensão a se misturar com outros povos e raças, fizeram do povo português o único capaz de domar as terras pouco férteis dos trópicos e enfrentar os efeitos negativos de sua extensão desmesurada para estabelecer uma colônia que tinha tudo para dar errado. A soma das características do colonizador lusitano constitui o que Benzaquen chamou de "plasticidade".[24] Freyre mudou o ponto de partida de numerosos relatos da formação da colônia, mostrando que a implantação dos portugueses no Brasil foi um sucesso que poucos povos colonizadores alcançaram nessas latitudes.[25] Sinteticamente, ele declara: "Tudo era aqui desequilíbrio. Grandes excessos e grandes deficiências, as da nova terra."[26]

Uma das consequências da mudança conceitual de Freyre é que ele descartou inteiramente o racismo como operador teórico capaz de compreender a história dos povos. Podemos nos perguntar se ele utiliza ou não o conceito de raça em suas obras, mas é certo que a questão racial não tem nenhuma força explicativa na trajetória histórica do Brasil. Para ele, "o Brasil formou-se, despreocupados os seus colonizadores da unidade ou pureza de raça".[27] O eixo de suas análises é a separação entre raça e cultura, o que não deixa nenhuma dúvida quanto à distância que o separa de autores como Oliveira Viana.[28] A história brasileira é constituída de peculiaridades e, às vezes, de excessos, que tornam a vida do país muito diferente da de outras

24  R. Benzaquen de Araújo, op. cit., p. 44.
25  G. Freyre, op. cit., p. 6-8.
26  Ibid., p. 15.
27  Ibid., p. 29.
28  R. Benzaquen de Araújo, op. cit., p. 56.

terras colonizadas. O que conta, para compreensão da adaptação dos povos à terra, são fatores objetivos, como o clima, a nutrição, a capacidade de se movimentar e de povoar o território. Neste caso particular, a mistura entre portugueses, índios e negros foi um sucesso e não o contrário, como queriam os defensores da ideologia racial.[29]

O fato primordial para se entender a formação da sociedade brasileira não é, portanto, o fator racial nem a natureza do clima e a dos portugueses. O elemento central da criação do que poderíamos chamar de civilização brasileira é a família. Gilberto Freyre o afirma de maneira inequívoca:

> *A família, não o indivíduo, nem tampouco o Estado nem nenhuma companhia de comércio, é desde o século XVI o grande fator colonizador no Brasil, a unidade produtiva, o capital que desbrava o solo, instala fazendas, compra escravos, bois, ferramentas, a força social que se desdobra em política, constituindo-se na aristocracia colonial mais poderosa da América.*[30]

Ao redor do núcleo familiar, escravos, parentes e outras pessoas se uniram para fazer da grande propriedade um núcleo social autônomo, que serviu de base para toda a sociabilidade. O poder político dependia igualmente dessas estruturas e, por essa razão, assumia desde o início uma característica oligárquica. A casa-grande foi construída em torno de realidades complexas, que levaram a uma mistura entre seus habitantes. Em um mundo isolado, escravos, mestiços e brancos viviam numa relação de proximidade e violência. Gilberto Freyre gostava de mostrar a que ponto os costumes sexuais eram livres no interior das propriedades rurais. Ele estava longe, no entanto,

29 G. Freyre, op. cit., p. 15.
30 Ibid., p. 18-19.

de ignorar o fato de que a existência daquilo que ele chamava de "zonas de confraternização", um espaço em que senhores e escravos inventavam formas de relações consensuais, eram também regiões de grande violência, especialmente contra mulheres negras e mestiças.[31]

A grande propriedade foi, assim, a primeira unidade política com suas regras, seus costumes e sua incapacidade em fazer existir uma sociedade política e policiada. A justiça era um assunto privado. Os grandes senhores reconheciam apenas muito fracamente a autoridade central, quando se tratava de resolver problemas surgidos no interior de seus domínios. A centralidade da propriedade privada na formação do país, longe de colaborar para a formação de qualquer forma de solidariedade entre os senhores, introduziu, desde muito cedo, a violência como forma privilegiada de resolução de conflitos. O aparente equilíbrio das propriedades rurais escondia uma grande anarquia, um estado de *hybris* e de desregulação das paixões. Ricardo Benzaquen mostra que as principais características da casa-grande eram a justiça exercida pelos senhores, a predominância dos interesses privados e um estado social caótico. Não é surpreendente, apontava ele, que os grandes proprietários não tivessem nenhuma aptidão para a política e aceitassem o caos da vida cotidiana como algo natural. "Afinal, o privilégio das paixões e da falta de limites que delas decorre parece tornar inviável o fechamento ou mesmo a preservação de qualquer acordo que possa garantir alguma segurança e estabilidade para a vida social."[32]

Se a anarquia, observa o intérprete, não é uma característica apenas das atividades da casa-grande, mas um traço marcante da sociedade brasileira, é necessário reconhecer que não se pode pensar o curso das ideias e das práticas democráticas no

31 Ibid., p. 22-23.
32 R. Benzaquen de Araújo, op. cit., p. 87.

país usando os modelos teóricos utilizados para estudar a história de outros países.[33] O próprio Freyre afirma:

*Por outro lado, a tradição conservadora no Brasil sempre se tem sustentado do sadismo do mando, disfarçado em princípio de Autoridade ou defesa da Ordem. Entre essas duas místicas – a da Ordem e a da Liberdade, a da Autoridade e a da Democracia – é que se vem equilibrando entre nós a vida política, precocemente saída do regime de senhores e escravos.*[34]

Gilberto Freyre não apresenta um caminho para a implantação de uma democracia no Brasil nem qual seria sua concepção do regime. Essa não era uma preocupação central de seu pensamento. Com uma notável argúcia, no entanto, ele aponta os pares de opostos que, ainda hoje, parecem controlar o debate político do país. Por um lado, a bandeira da ordem e da autoridade, por outro, a da liberdade e da democracia, como se o país estivesse condenado a viver em torno dessas oposições e fosse incapaz de superar seu passado colonial. Segundo ele, a estrutura social da colônia impregnou a história do Brasil e condicionou numerosas escolhas em matéria de organização social e política. Tudo se passa como se fossemos incapazes de superar a *hybris*, que reinava na grande propriedade, para viver plenamente como cidadãos políticos. Seu pensamento é, assim, muito fecundo para nos fazer entender as condições reais nas quais a questão da democracia foi posta pelos intelectuais que o precederam.

O primeiro ponto é que o poder oligárquico das elites da Primeira República não tinha nada de excepcional. Pelo contrário, o regime só fazia prolongar o sistema político que melhor

33 Ibid., p. 99.
34 Idem.

**100**

correspondia às forças organizadas em torno das grandes famílias que dominavam a vida do país. Um segundo ponto interessante de sua abordagem é que ele nos permite examinar as enormes desigualdades que prevaleciam no Brasil de um ponto de vista mais complexo do que a simples verificação das diferenças entre os diversos componentes da sociedade. Em sintonia com um pensador como Joaquim Nabuco, Freyre afirma que superar os males da escravidão era uma tarefa muito mais difícil de realizar do que tinham acreditado os defensores da Constituição liberal de 1891. A casa-grande e a sociedade, com seus costumes e regras, eram forças harmônicas entre si de tal maneira que seria ingênuo acreditar que um conjunto de leis, por mais moderno que fosse, pudesse superar as barreiras criadas pelo poder instalado no país havia séculos.

Nesse quadro de referência, as exigências de participação da população na vida política, da autonomia das leis e do reconhecimento da liberdade como princípio fundador do regime democrático encontraram no Brasil uma resistência que vinha da própria identidade do país, que desde muito cedo cultivou os particularismos e resistiu ao estabelecimento do estado de direito, fundamento da moderna experiência democrática e republicana. Gilberto Freyre não nos ajuda a resolver esses problemas apoiando-se em uma visão pessimista da realidade brasileira. Embora ele não utilize esse termo (pessimista), pode-se dizer que, graças às suas análises antropológicas e sociológicas refinadas, expostas em uma linguagem rica em imagens, ele nos legou uma percepção realista da história e das condições sociais do Brasil. Sua maior contribuição para as ideias democráticas no Brasil reside, portanto, em sua capacidade de pensar a sociedade brasileira com base em seus elementos constitutivos mais profundos e não por meio de miragens teóricas, incapazes de revelar todas as facetas do desenvolvimento histórico do país. A questão democrática não está no centro de suas reflexões, mas, por meio delas, encontramos uma via diferente para pensar a democracia levando em conta as peculiaridades de nossa trajetória política.

Nosso segundo autor, **Sérgio Buarque de Holanda** (1902-1982), foi um dos mais importantes intelectuais brasileiros do século xx. Seu trabalho influenciou várias gerações de estudiosos e continua ainda hoje a inspirar os que buscam entender a história do país. Seu ponto de partida é a afirmação de que, na cultura política brasileira, a família precede o Estado como modelo de organização social. A esfera privada tem prioridade sobre a esfera pública, impedindo assim o surgimento de uma burocracia estatal genuína, como Max Weber havia pensado, e também uma verdadeira democracia constitucional. Num certo sentido, compartilhava com Gilberto Freyre a ideia de que era necessário entender o funcionamento do mundo privado para depois lançar-se na busca dos princípios que regiam o mundo político. Ao contrário de seu contemporâneo, no entanto, ele se interessava por discussões políticas e pela questão da democracia. Para ele, o problema brasileiro estava no fato de que mesmo onde havia "instituições democráticas fundadas em princípios neutros e abstratos", o modelo era o da vida privada.[35]

Um dos conceitos mais conhecidos e controversos de sua obra é o de "homem cordial". O autor define a cordialidade como um traço comportamental que torna a coabitação na esfera privada mais agradável. Como resumido pelo crítico e ensaísta Antonio Candido: "O homem cordial não pressupõe bondade, mas somente o predomínio dos comportamentos de aparência afetiva, inclusive suas manifestações externas, não necessariamente sinceras nem profundas, que se opõem aos ritualismos da polidez."[36] Essa característica dos brasileiros seria um sinal não apenas da força das relações privadas, mas igualmente da repulsa gerada

---

35  S. B. de Holanda, p. 146.
36  A. Candido, "O significado de *Raízes do Brasil*", p. 17.

pelas relações baseadas no respeito de regras de convivência abstratas na esfera do social. Como Freyre havia antecipado, também Sérgio Buarque de Holanda acreditava que a sociedade era guiada pelas paixões e pelos sentimentos, apoiando-se neles e recusando tudo o que não possa ser expresso em termos de emoções. É por isso que o intérprete conclui: "Cada indivíduo, nesse caso, afirma-se ante os seus semelhantes indiferente à lei geral, onde esta lei contrarie suas afinidades emotivas, e atento apenas ao que o distingue dos demais, do resto do mundo."[37]

O conceito de cordialidade pode ser entendido, em primeiro lugar, em sua significação antropológica e sociológica. Nesse sentido, ele está em sintonia com o esforço de vários autores da época para encontrar as ferramentas conceituais capazes de ajudar a esclarecer as peculiaridades do que se chamava então o caráter dos brasileiros. Nosso autor enfatiza, nesse nível de compreensão, o fato de que, no Brasil, uma grande importância foi dada aos "valores da personalidade".[38] Para superar o que muitos pensavam ser um sinal do atraso do país, pensadores influenciados pelo positivismo de Auguste Comte procuraram reformar o país partindo da convicção de que, diante da inevitável marcha da humanidade rumo à época da razão, bastava modelar as instituições segundo os princípios positivistas, para modificar as estruturas mais profundas do país. Buarque de Holanda fez uma dura crítica do positivismo. Para levar a cabo essa tarefa, o autor faz uma inflexão decisiva em seu texto. No começo, os conceitos trabalhados tinham, antes de tudo, um alcance sociológico e antropológico. Num segundo nível, após a crítica do positivismo e seus arautos nacionais, a cordialidade passa a ocupar um lugar preponderante em sua argumentação, passando a ser a chave teórica para pensar a vida política nacional.

37  S. B. de Holanda, op. cit., p. 155.
38  Ibid., p. 157.

É desse ponto de vista que suas considerações sobre a democracia no Brasil devem ser entendidas. Como vimos, as ideias liberais circularam no Brasil desde o período colonial e, em diversos momentos, fizeram parte do debate público, mas nunca conseguiram dominar o cenário político e se estabelecer em um país onde a ordem monárquica presidira o nascimento da nação no século xix e onde a República significava a dominação das oligarquias regionais sobre o corpo político. Sabemos que o liberalismo econômico teve entre nós uma trajetória diferente da do liberalismo político. O primeiro influenciou o comportamento de agentes econômicos, orientou, por vezes, a atividade parlamentar, e, por isso, teve uma presença constante na vida do país, mesmo se nunca pôde encontrar uma formulação inteiramente em sintonia com o que acontecia na economia de países como os Estados Unidos, por exemplo. O segundo servia com mais frequência para esconder a face da dominação de classe do que para mudar a vida política do país no sentido de mais liberdade e mais igualdade entre os cidadãos.[39] A trajetória do liberalismo no Brasil mereceria por si só um estudo, pois carrega nuances e reviravoltas. Mas, aqui, podemos nos contentar com a síntese arguta que nosso autor fez do problema. Para ele: "Na verdade, a ideologia impessoal do liberalismo democrático jamais se naturalizou entre nós."[40]

A crítica ao positivismo incide menos sobre seu corpo doutrinário do que sobre o fato de que seus adeptos acreditavam de forma tão radical na força das ideias que se esqueciam das determinações da realidade, como se ela pudesse ser moldada pela simples evocação de conceitos universais. É nesse contexto que devemos entender as referências ao liberalismo na obra que avaliamos aqui. Sérgio Buarque de Holanda não critica as ideias liberais nem a concepção de democracia que delas decorre. O que

39 W. G. dos Santos, *Ordem burguesa e liberalismo político no Brasil*.
40 S. B. de Holanda, op. cit., p. 160.

ele almeja, quando declara que "a democracia no Brasil sempre foi um lamentável mal-entendido", é denunciar a vacuidade do modo como a noção foi usada para explicar a história do país.[41] Entre nós, segundo ele, sempre faltou consistência às instituições que constituem as estruturas mínimas de um regime político. Faltaram também os elementos de uma cultura democrática, tal como a crença em uma justiça impessoal. Temas como os conflitos e a participação popular sempre foram abordados a partir de outras referências teóricas e históricas e considerados como laterais. É por essa razão que não se pode falar de democracia entre nós até aquele momento. O uso retórico da palavra provava apenas que ela ocupava um lugar superficial na vida política da nação, no máximo, emergindo nos combates parlamentares. Ao historiador coube concluir: "Todo nosso pensamento dessa época revela a mesma fragilidade, a mesma inconsistência íntima, a mesma indiferença, no fundo, ao conjunto social [...]"[42]

No decorrer da história brasileira, referências ao passado ibérico, à herança americana, mas também aos ideais da Revolução Francesa estiveram fartamente presentes na produção intelectual. Esse conjunto de ideias, no entanto, não criou um todo coerente. Os conceitos foram transformados segundo os interesses das elites patriarcais, e nada aproximou o país do ideal de um Estado democrático, que, por definição, funciona de acordo com regras constitucionais definidas pela soberania popular.[43] O pessimismo de Sérgio Buarque de Holanda, no entanto, não o leva a pensar na história do país como um todo imóvel. Ao contrário, ele insistia na ideia de que existia uma revolução em curso no Brasil, que transformava progressivamente a fisionomia do país. "A forma visível dessa revolução não será, talvez, a

41 Idem.
42 Ibid., p. 162
43 Ibid., p. 179.

das convulsões catastróficas, que procuram transformar de um mortal golpe, e, segundo preceitos de antemão formulados, os valores longamente estabelecidos."[44]

Apesar dessa manifestação de esperança no futuro, para o historiador, no curso tumultuado da vida política nacional, o recurso a diferentes formas de personalismos acabou por quebrar a espinha dorsal de todas as expressões do liberalismo, abrindo as portas para a dominação oligárquica. Para ele "na terrível primazia das conveniências privadas sobre os interesses coletivos, se revela claramente a predominância do elemento emocional sobre o racional".[45] No que diz respeito à organização institucional da vida pública, o Brasil, segundo ele, sempre careceu de partidos, o que era um sintoma de nossa anemia democrática e não sua causa. Nesse contexto, Buarque de Holanda afirma: "É frequente imaginarmos prezar os princípios democráticos e liberais quando, em realidade, lutamos por um personalismo ou contra outro."[46] Ele estimava que, dadas as condições políticas objetivas do Brasil nos anos 1930 – sua propensão em aceitar governos autoritários ou oligárquicos e sua tendência a valorizar as emoções em vez da razão – não era impossível que um governo fascista viesse a se instalar no país. Apesar disso, o historiador, num momento de otimismo, também considerou a possibilidade de a democracia se tornar a forma dominante de governo nas décadas seguintes.

No decorrer de sua análise, podemos ver que, quando ele fala de democracia e de seu descolamento do ambiente público do Brasil, refere-se ao modelo de democracia liberal. Nesse plano de análise, ele parece não fazer nada além de constatar o fracasso da experiência brasileira. Mas esse não parece ser o único

44 Ibid., p. 180.
45 Ibid., p. 182.
46 Ibid., p. 184.

ponto de referência a partir do qual a questão democrática pode ser abordada em sua obra. Sérgio Buarque de Holanda cita a rejeição da hierarquia, que permite a futura expansão da igualdade entre os brasileiros de diferentes classes sociais, o caráter não dominante do racismo nas relações sociais e a contínua transformação, desde o século xix, das estruturas de dominação como elementos constitutivos do caráter nacional que poderiam, no futuro, permitir o estabelecimento da democracia entre nós.[47] É claro que, neste caso, estamos lidando com uma ideia ampla de democracia e de república. Essa maneira de compreender o significado de algumas formulações de nosso autor nasce do fato de que ele mesmo via nos traços dominantes do "homem cordial" determinações que o levam a estar mais facilmente de acordo com a ideologia da Revolução Francesa e seus valores republicanos do que com outras formulações sobre a natureza dos regimes livres. O texto não conduz para a ideia que a democracia seria o futuro regime do Brasil ou que o fascismo venceria a batalha no mundo para conquistar novos domínios. O autor hesita quanto a dizer qual seria o destino político do país. Em seu esforço para ampliar o campo de estudo da trajetória da democracia no país, no entanto, Sérgio Buarque contribui notavelmente para mostrar que o Brasil não era um país destinado a viver sob as botas dos ditadores, mas poderia seguir o caminho da liberdade, embora sua história colonial tivesse colocado muitos obstáculos para essa marcha.

Nosso terceiro autor, **Caio Prado Júnior** (1907-1990), foi responsável por realizar uma das primeiras leituras da história brasileira a partir de um paradigma marxista. As ideias de Karl Marx circulavam havia muito tempo no Brasil.[48] Elas estavam presentes nos discursos políticos dos membros do Partido

---

47 Ibid., p. 184.
48 Ver J. Q. de Moraes et al. (orgs.), op. cit.

Comunista, fundado em 1922, bem como nos escritos de intelectuais que precocemente se aproximaram das doutrinas socialistas. Tambén na imprensa, artigos a favor ou contra Marx se faziam notar. Mas foi especialmente com Caio Prado Júnior que o marxismo serviu para fundamentar um esforço renovador de compreensão dos fundamentos históricos do país. Seu primeiro trabalho foi publicado em 1933 – *Evolução Política do Brasil*.[49] Ele seria seguido por *Formação do Brasil contemporâneo: Colônia* (1942),[50] e por *História econômica do Brasil* (1945).[51] Juntos, formam um conjunto coerente, responsável pela transformação das pesquisas sobre a identidade da nação brasileira e cujos efeitos se fazem sentir ainda hoje.

Caio Prado, que era membro do Partido Comunista desde 1931, não defendia o marxismo ortodoxo comum aos militantes do partido. O materialismo histórico representava uma poderosa ferramenta teórica para ele, mas não era tratado como um conjunto de fórmulas que poderiam ser usadas em todas as circunstâncias, independentemente da particularidade das formações políticas e sociais.[52] Um dos temas essenciais de seus escritos era a relação entre a colônia e a nação. Para ele, o fato de o Brasil ter sido uma colônia de exploração fez com que fizesse parte do grupo de territórios conquistados pelas nações europeias, que serviam quase que exclusivamente para extrair riquezas como em um "grande empreendimento comercial". Ele considerava que a revelação do "sentido de colonização" era a tarefa mais importante para o pensador marxista, porque ele podia, assim, fazer face à contradição entre uma estrutura

49 C. Prado Júnior, *Evolução política do Brasil: Colônia e Império*.
50 C. Prado Júnior, *Formação do Brasil contemporâneo: Colônia*.
51 C. Prado Júnior, *História econômica do Brasil*.
52 Aqui, sigo as análises de B. Ricupero, *Caio Prado Jr. e a nacionalização do marxismo no Brasil*.

econômica focada exclusivamente na satisfação das exigências econômicas externas, e a organização jurídico-política, da qual emergiam as reivindicações mais comuns dos habitantes de um país, reivindicações próprias a todas as nações capitalistas. É nesse contexto que apresenta suas reflexões sobre a presença de ideias liberais entre nós.

Para ele, a independência do país em 1822 foi um passo fundamental na criação da nacionalidade, não porque resolvia os impasses da colonização, mas porque os revelava aos olhos de todos os que refletiam sobre a posição ocupada pelo país no mundo. Em outras palavras, Caio Prado legou uma herança teórica fundamental ao pensamento político brasileiro por ter colocado o problema da formação brasileira em perspectiva com o que estava acontecendo no mundo e não somente no interior de nossas fronteiras. Ao mesmo tempo, ele marcou a historiografia nacional, mostrando a importância das estruturas econômicas coloniais na determinação dos destinos do país, mesmo quando não era mais um apêndice de Portugal.[53]

A questão da democracia aparece em sua primeira obra através da crítica ao uso do liberalismo pelas elites durante o século XIX. Seu ponto de partida é o fato de que, no tempo da colônia, o verdadeiro poder era exercido pelos proprietários fundiários e não pelos representantes da Coroa Portuguesa.[54] Essa dinâmica durou muito tempo e moldou a estrutura da vida política brasileira durante a formação do país. Aos poucos, porém, o poder exercido pelas Câmaras comandadas por essas elites agrárias foi transferido para a metrópole, que não podia mais aceitar o estado de quase anarquia em que se encontravam as instituições pertencentes ao poder central.[55] "A nossa evolução política segue

---

53 B. Ricupero, "Caio Prado Júnior e o lugar do Brasil no mundo".
54 C. Prado Júnior, *Evolução política do Brasil: Colônia e Império*, p. 31.
55 Ibid., p. 42.

portanto passo a passo a transformação econômica que se opera a partir de meados do século xvii."[56] Continuando sua análise histórica, ele mostra que, pouco antes da independência, o país foi sacudido por revoltas, como a que tomou o Rio de Janeiro em 21 de fevereiro de 1821, que expuseram o crescente descontentamento com a dominação econômica brutal, que inexoravelmente produzia uma desigualdade radical entre as diversas camadas sociais, incluindo escravos que viviam em um estado lastimável.[57] No processo de liberação do Brasil da metrópole portuguesa, as antigas elites agrárias conseguiram manter seus privilégios e até expandi-los na medida em que conservaram seu poder político e econômico. Para Caio Prado Júnior, as classes populares eram fracas demais para se organizarem, mesmo com todas as revoltas que irromperam em várias partes do país.[58]

Os responsáveis pela elaboração da primeira Constituição brasileira (1824) fizeram, segundo o autor, um curioso uso dos princípios aprendidos com as constituições de outros países. Eles tomaram emprestadas as ideias de soberania nacional e de liberdade econômica, mas deixaram de lado o elemento popular. O uso do pensamento republicano serviu, assim, para fortalecer o poder dos novos dirigentes, em vez de ampliar a base da cidadania. O país que surgiu do processo de independência era tão desigual quanto antes, mas organizado em torno do princípio da afirmação da nacionalidade. Caio Prado ajuda a entender uma característica marcante de nossa história: a formação da identidade simbólica e mesmo territorial não libertou o país de sua herança colonial. Até hoje, dependemos das exportações de matérias-primas para organizar a economia do país. O autor mostra ainda como é possível falar de independência e de liberdade,

56 Ibid., p. 44.
57 Ibid., p. 49.
58 Ibid., p. 51-52.

mantendo uma barreira no campo econômico para o desenvolvimento do país e não enfrentando as consequências desastrosas da profunda desigualdade que separa as várias classes sociais. É nesse quadro de referências teóricas e históricas que Caio Prado analisa a presença das ideias liberais no Brasil no decorrer do século xix. Para ele, o liberalismo era, antes de tudo, uma linguagem das classes dominantes, usada para mascarar o fato da dominação econômica. De uma maneira quase insultuosa, os legisladores chegaram a dizer que o novo Estado reconhecia os "contratos existentes entre os senhores e seus escravos". O historiador não resiste à ironia: "É o mais perfeito retrato do liberalismo burguês."[59] Lá onde as ideias liberais deveriam servir para expressar as aspirações das classes menos favorecidas, elas contribuíram, ao contrário, para forjar um liberalismo vago e indefinido em seus contornos teóricos. Um liberalismo ineficaz para produzir políticas reais e mudar as estruturas sociais e políticas. As propostas de alguns políticos eram apenas produtos retóricos, longe da percepção das misérias do país e das lutas sociais, que abalavam a cena pública de tempos em tempos. Pouco a pouco, entretanto, o país tomou consciência dos conflitos que moldavam a face da desigualdade na distribuição das riquezas entre as diferentes camadas da população e fazia da liberdade política e da participação popular um sonho de intelectuais como Teófilo Otoni. À medida que o poder da elite se consolidava no decorrer do século xix, o liberalismo entrava em declínio junto com a ideia de democracia que lhe era associada. Tratava-se de um declínio no plano das ideias e dos discursos, mas que refletia o que estava acontecendo na esfera pública.[60]

No seu segundo livro, Caio Prado aprofundou as análises da formação econômica do país. Se seu primeiro trabalho era

59 Ibid., p. 57.
60 Ibid., p. 87.

classificado, por ele mesmo, como um ensaio sobre a história do Brasil, em *Formação do Brasil contemporâneo* ele se empenhou, com um rigor até então desconhecido nos estudos sobre a história do país, em desvendar as estruturas econômicas que presidiram sua formação desde a época colonial. Para isso, estudou a economia em todas as suas dimensões, trilhando um percurso rigoroso para compreender os modos de funcionamento da vida no período colonial. Caio Prado procurou mais uma vez demonstrar a tese que lhe era cara: a colônia nada mais era do que uma máquina de produzir riquezas para a metrópole. De suas contradições internas nasceu a força para sua transformação. Tudo se passou como se uma nova ordem tivesse nascido dos impasses da vida colonial, que se imporia à distância e na continuidade da velha ordem. Nessa lógica, o autor, novamente, chama a atenção para o momento de independência do país, que abriu as portas para o Brasil contemporâneo.[61] Não há em sua abordagem lugar para a ironia, como fez em algumas de suas proposições anteriores. A partir daquele momento era importante demonstrar, com a ajuda das ferramentas teóricas do marxismo, que o caminho do capitalismo brasileiro não tinha nada de misterioso: o país estava imerso na ordem mundial e não podia escapar às suas determinações. Nesse movimento argumentativo estava incluída a ideia de que o caminho da formação brasileira era também o caminho da revolução, que resultaria do desenvolvimento das forças produtivas e de suas contradições.[62] Depois de análises detalhadas da história nacional, apenas no final do livro Caio Prado retoma suas críticas ao uso que era feito das ideias da Revolução Francesa. Tomadas no Brasil, segundo ele, em sua expressão abstrata, serviam apenas como linguagem de ocultação do real. Pensar a democracia seria doravante pensar

61 C. Prado Júnior, *Formação do Brasil contemporâneo: Colônia*, p. 357
62 Ibid., p. 365.

a revolução brasileira a partir da compreensão dos mecanismos de constituição de uma nação capitalista em uma situação de dependência dos grandes centros de produção de mercadorias. Esse caminho mostraria toda sua fecundidade nas décadas seguintes, quando a questão da implantação da democracia no país foi acompanhada em muitos trabalhos pela preocupação com o destino da revolução nacional.

\* \* \*

Os autores abordados até aqui não podem ser considerados "liberais" no sentido dado a este termo na Europa ou nos Estados Unidos. Em países como a Inglaterra e outros, o liberalismo se afirma como uma doutrina que prega a precedência dos indivíduos sobre as organizações estatais. Por essa razão, a liberdade política é pensada prioritariamente como ausência de impedimentos. Todos podem fazer o que não está expressamente proibido nas leis. Desse ponto de partida se infere uma concepção do Estado como uma organização essencial para a vida coletiva, mas que deve limitar ao máximo seu campo de ação, de forma a não interferir no terreno dos direitos individuais. Da mesma forma, a economia de livre mercado é, por excelência, a mais próxima de um regime de liberdades, que pensa a igualdade como um *a priori* da condição humana, mas que não pode ser transformada em um bem absoluto, que limita o desenvolvimento das possibilidades individuais. Para os pensadores brasileiros, a questão democrática era um meio para pensar a nação e sua unidade e, no limite, as funções do Estado. Isso não fazia deles, no entanto, pensadores antiliberais. Participaram do movimento que colocou os intelectuais no centro não apenas do debate teórico, mas da construção política do país.[63] A escolha dessas referências te-

---

63  D. Pécault, *Os intelectuais e a política no Brasil*, p. 43-49.

óricas foi orientada pelo interesse em entender o percurso das ideias democráticas, na medida em que não procuro encontrar um sistema coerente de ideias, tendo como centro os temas próprios ao liberalismo em sua formulação clássica; busca-se, portanto, reunir um conjunto de reflexões de intelectuais brasileiros sobre conceitos que estão presentes tanto na tradição republicana quanto nas teorias sobre a democracia, que não são diretamente tributárias do liberalismo inglês. Por vezes, acredita-se que apenas as correntes liberais anglo-saxônicas oferecem uma teoria completa da democracia, esquecendo-se que, desde o século xviii, desenvolveu-se, na França em particular, uma concepção do regime democrático que está ligada à maneira como alguns pensadores, como Rousseau, consideraram questões como a liberdade, a participação e a igualdade.

\* \* \*

O regime de Getúlio Vargas, por vezes, atuou mais sobre os intelectuais por meio da cooptação do que pela repressão violenta, embora isso também tenha existido. Por esse motivo, foi possível reunir em instituições do Estado pessoas como Gustavo Capanema, em torno dos quais gravitavam grandes nomes da literatura e da cultura brasileiras, como Carlos Drummond de Andrade e Mário de Andrade, para citar alguns.[64] Ao mesmo tempo, pensadores conservadores avançaram na defesa da tese da necessidade de construção de um regime autoritário no Brasil. Esse tipo de pensamento não era novidade entre nós. Já nas publicações de Alberto Torres, na segunda década do século xx, a ideia segundo a qual o país deveria ser governado por uma elite bem preparada e não pelo voto das massas incultas era ponto central e fazia parte do discurso político e teórico de muitos outros pensadores. Com

64 Ibid., p. 73.

o reforço da natureza autoritária do governo Vargas, essas ideias tomaram forma e ocuparam um lugar importante na cena pública.

**Azevedo Amaral** (1881-1942) foi um importante representante desse pensamento autoritário e antidemocrático. Em 1938, publicou um livro no qual fez a defesa explícita do Estado Novo e atacou a democracia. Em *O Estado autoritário e a realidade nacional* ele retomou temas que já havia analisado em outras publicações, para tentar construir uma teoria sobre a natureza do poder instituído.[65] No livro, Amaral refaz o percurso tradicional dos intelectuais de sua geração, buscando no passado colonial a fonte para a compreensão do tempo presente. No seu caso, todavia, não se tratava de um esforço de cunho sociológico, mas de um movimento retórico visando provar teses que há muito defendia. Naquela época, o autor sabia que a referência ao regime fascista de Mussolini na Itália, ou ao regime de Adolf Hitler, na Alemanha, o exporia a críticas virulentas por muitos setores da intelectualidade brasileira. Atento a isso, procurou dissociar Vargas de seus homólogos europeus, mesmo sabendo que o ditador havia manifestado repetidamente sua admiração pelo corporativismo italiano.[66] Esta posição ambígua sobre a natureza do poder de Vargas vinha acompanhada da crítica explícita de alguns elementos típicos do pensamento liberal. Falando sobre as razões para o fim da Primeira República, Azevedo Amaral dizia: "O sufrágio universal associado ao sistema de eleição direta tinha forçosamente de produzir no Brasil efeitos ainda mais prejudiciais à eficiência do Estado, à boa orientação legislativa e ao funcionamento adequado da maquinaria administrativa do governo."[67] Para ele, o problema não estava na democracia liberal como fora concebida e vivida nos países anglo-saxões, mas na sua aplicação às

---

65  A. Amaral, *O Estado autoritário e a realidade nacional.*
66  Ibid., p. 10-23.
67  Ibid., p. 30.

condições brasileiras. Aqui, o principal problema era a afirmação da nacionalidade, o que, em sua opinião, era incompatível com os preceitos liberais.[68] Em seu esforço para defender o regime imposto em 1937, Amaral procurava demonstrar que o que havia sido feito em anos anteriores era insuficiente para colocar o Brasil no caminho certo: "A revolução de 1930 trouxe a prova mais impressionante do caráter irreal da organização política que foi imposta à nação e que se mantivera durante quatro decênios sem se enraizar na consciência pública."[69]

Da mesma forma, a Constituição de 1934 que, em sua opinião, tinha sido elaborada num ambiente de plena liberdade e sob a influência das mais diversas ideologias, só tinha conseguido jogar o país em uma grande anarquia, que só não havia gerado consequências mais graves porque Vargas havia conseguido governar o Estado com mão forte. Para Amaral, essa capacidade de manter a unidade da nação não poderia de modo algum ser confundida com as ações dos ditadores europeus. "Tanto o bolchevismo como o fascismo caracterizam-se pelo mesmo conceito do Estado, idealizado como órgão de expressão das tendências de um grupo social em detrimento dos outros e instrumento de atuação da vontade ditatorial dessa classe"[70] – dizia ele. Mais adiante, ele concluía de maneira um tanto surpreendente para a época que: "Em ambos os casos, o conceito do Estado totalitário, aparece como expressão inequívoca da compressão das iniciativas e da liberdade do indivíduo pela força coercitiva de uma organização estatal absorvente e que se torna a única razão de ser da própria nacionalidade."[71]

68 Ibid., p. 32.
69 Ibid., p. 50.
70 Ibid., p. 83.
71 Idem. Mais adiante ele afirma: "O que define o totalitarismo, no sentido peculiar que a essa expressão lhe deu o fascismo, não é portanto

Azevedo Amaral demonstra, nos trechos citados, que estava perfeitamente ciente do fato que a associação de Vargas a personagens como Mussolini e Hitler seria prejudicial à sua imagem interna e internacional. Ao mesmo tempo, ele não podia negar que o *Estado Novo* tinha vários pontos em comum com a organização estatal dos países europeus que criticava. Para evitar o que ele considerava uma armadilha, deu um passo audacioso do ponto de vista conceitual: procurou conciliar a natureza repressiva do Estado brasileiro com o pleno respeito dos direitos individuais típico das sociedades liberais. Assim, para ele: "O Estado autoritário baseia-se na demarcação nítida entre aquilo que a coletividade social tem o direito de impor ao indivíduo, pela pressão da maquinária estatal, e o que forma a esfera intangível de prerrogativas inalienáveis de cada ser humano."[72] O autor não hesita em nominar o regime que defendia como uma democracia autêntica. Para ele, o erro das democracias liberais estava em acreditar que a igualdade deveria ser radical entre os cidadãos, enquanto o verdadeiro regime livre era aquele em que uma organização vertical da sociedade era reconhecida.[73]

Haveria, assim, uma analogia entre os estados totalitários, na qual a igualdade é máxima e a liberdade é nula, e as democracias

a extensão do poder estatal, mas a natureza compressiva, absorvente, aniquiladora da personalidade humana, que imprime às instituições fascistas um aspecto repelente, tornando-as tão incompatíveis com todos que prezam a dignidade do espírito". Ibid., p. 89.

72 Ibid., p. 90.

73 "Felizmente, porém, o estado autoritário pode harmonizar-se perfeitamente com o estilo essencial do sistema democrático. E podemos ir mais longe, afirmando que apenas uma forma de governo autoritário é capaz de permitir o desenvolvimento normal da democracia e de suas instituições, a fim de torná-las apropriadas às soluções para os problemas cada vez mais complexos que surgem em todos os setores de vida das nações contemporâneas". Ibid., p. 102.

liberais, nas quais a liberdade é quase ilimitada e a igualdade é um conceito formal. Os dois regimes seriam, para o autor, produtos de visões abstratas do Estado, verdadeiras utopias. O Estado autoritário, construído no Brasil desde 1937, pretendia propor uma forma de organização política que existiria à distância dos dois extremos. Por um lado, Vargas não seria um ditador dotado de todos os poderes sobre a vida dos cidadãos. O Estado não se identificaria plenamente com a nação. Por outro lado, a liberdade dos indivíduos teria limites impostos pelo reconhecimento da primazia do coletivo sobre o particular.[74] No regime defendido nessa perspectiva, a liberdade era a capacidade dos indivíduos em agir em total harmonia com o bem coletivo.

Azevedo Amaral tentou, com sua definição do Estado autoritário, uma operação teórica impossível, conciliar o irreconciliável. Falecido em 1942, não testemunhou o colapso do modelo de Estado que defendeu tão arduamente, o que aconteceria poucos anos depois. Seu trabalho é importante contribuição para expressar, nos conceitos que criou, a rejeição que os pensadores conservadores brasileiros como Oliveira Viana e Alberto Torres sentiram por todas as formas de democracia desde a fundação da República em 1889. O caminho sinuoso seguido pelo pensador revela o traço autoritário de muitos escritores e políticos ao longo do árduo percurso das ideias democráticas na era Vargas. Como veremos, eles continuariam presentes no decorrer das próximas décadas.

## A democracia tumultuosa e seus pensadores (1946-1964)

A Segunda Guerra Mundial (1939-1945) ainda não havia terminado e Getúlio Vargas já havia começado a se movimentar para

74 Ibid., p. 146-147.

não ser ultrapassado pelos acontecimentos. Naquele momento, ele percebeu que não havia espaço para a continuação do regime autoritário e procurou agir para preservar, pelo menos em parte, o capital político que acumulara nos últimos quinze anos. Sua primeira medida consistiu em afirmar que, para renovar o país, era necessário realizar eleições e que ele não seria candidato. Com esse movimento, Vargas acreditava que não seria atingido pela avalanche de transformações que inevitavelmente ocorreria quando o regime que criara entrasse em colapso. Seu gesto foi bem recebido por setores da classe operária, que ainda mantinha uma forte ligação com o *getulismo*. Afinal, sua estratégia de união entre os operários, o governo e as classes patronais, que ficou conhecido como populismo, havia introduzido várias modificações no mundo do trabalho, em particular com a adoção de uma legislação trabalhista que, pela primeira vez, fazia dos operários sujeitos de direito. Outros grupos sociais e políticos não reagiram da mesma maneira – o Exército, por exemplo, que se tornara um importante ator político durante o período ditatorial. Muitos oficiais queriam não apenas uma presença maior das Forças Armadas na cena pública, como também imaginavam que o futuro do Brasil estava nas mãos do único corpo verdadeiramente de elite, eles mesmos.[75]

Getúlio Vargas manobrou como pôde para influenciar o curso da política nacional. Viu aparecer e crescer um movimento popular chamado "queremismo", que desejava sua permanência na vida pública, mas acabou destituído por seus ministros militares em 29 de outubro de 1945. O então ex-presidente se retirou para sua casa no Rio Grande do Sul, mas manteve um olhar aberto sobre o que estava acontecendo no país. Em 1946, o Parlamento aprovou uma nova Constituição, que duraria até 1964. Ela conservava as conquistas sociais das décadas precedentes, permitia

---

75  L. M. Schwarcz; H. M. Starling, op. cit., p. 386-387.

a criação de partidos políticos, fortalecia os sindicatos, garantia as eleições livres e a liberdade de expressão, mas mantinha os analfabetos fora da vida pública e restringia o direito de greve. No geral, era uma Constituição democrática, que reunia a herança liberal da Primeira República e o texto de 1934 e os combinava com a nova realidade das forças sociais do país.[76]

Vários partidos políticos foram criados durante este período. Alguns ocupariam o centro do cenário político até sua dissolução com o golpe de 1964. Vargas conseguiu influenciar a criação de dois partidos: o Partido Trabalhista Brasileiro (PTB), que herdou os fundamentos sociais do "trabalhismo" e se apoiava nas estruturas sindicais e no imenso prestígio pessoal de Vargas entre os mais pobres,[77] e o Partido Social Democrático (PSD), um partido tradicional que se apoiava nas classes médias da população e numa parte da elite econômica e era composto por políticos experientes, que sabiam jogar o jogo parlamentar. Juntos, os dois partidos ocuparam o centro do poder durante um longo período que vai do final da Segunda Guerra Mundial até 1964. No campo da esquerda, o Partido Comunista Brasileiro (PCB) foi criado em torno da figura emblemática de seu líder, Luís Carlos Prestes. Ganhou muitos votos nas primeiras eleições, mas acabou sendo banido em 1947 no contexto da Guerra Fria. O Partido Socialista Brasileiro (PSB) procurou ser um partido socialista e democrático. Seus membros, em geral, eram bem preparados intelectualmente, mas o partido nunca chegou a desempenhar um papel relevante nos conflitos políticos. Finalmente, no campo dos grandes partidos, foi criada a União Democrática Nacional (UDN), que agrupava todas as forças conservadoras e reacionárias. Incapaz de chegar ao poder por meio das eleições, o partido

76 Ibid., p. 396
77 L. Werneck Vianna, "O Estado Novo e a ampliação autoritária da República"; A. de C. Gomes, *A invenção do trabalhismo*.

passou toda a Segunda República conspirando e tentando produzir um golpe de Estado.

Como afirmou Sérgio Abranches, a Segunda República nasceu como um regime plural, mas também de forma tumultuosa.[78] A nova Constituição garantia o direito ao voto para menos de um quarto da população, incorporando assalariados civis, as mulheres (na verdade desde 1932) e algumas camadas da população urbana. Os poderes eram divididos entre o Legislativo e o Executivo, mas a realidade era muito mais complexa. Forças econômicas, as antigas oligarquias rurais, o exército, os sindicatos, todos disputavam o poder na Câmara dos Deputados, nos estados regionais, na imprensa. Nesse ambiente consolidou-se o modelo de governo que prevaleceu durante quase toda a experiência democrática e republicana do Brasil, talvez desde o seu início. Os presidentes de todas as tendências políticas misturadas foram forçados a negociar continuamente com o Poder Legislativo e as forças ali representadas. Isso não impediu o funcionamento das instituições e nem sempre foi um modelo disfuncional. Em vários momentos, como mais tarde na Terceira República, o presidencialismo de coalizão (caracterizado por essa necessidade permanente de compor com diversas forças e tendências políticas) foi, por excelência, uma forma de funcionamento da vida política, com suas dificuldades e suas vantagens. Mas, algumas vezes, o equilíbrio se mostrou impossível de ser alcançado.

Nos anos da Segunda República, o tumulto foi a marca da vida pública, com a multiplicação das tentativas de golpe de Estado, das manipulações legislativas, da deposição de presidentes durante seus mandatos. Mesmo a eleição legítima de Juscelino Kubitschek para a presidência em 1955 foi contestada por partidários da UDN, que mais uma vez fora derrotada nas urnas e não se conformava com os resultados do pleito. Como resumiu

78 S. Abranches, op. cit., p. 39.

Abranches: "A segunda experiência republicana foi a mais instável. Viveu a tensão permanente entre as pressões reformistas do populismo e os impulsos golpistas dos conservadores."[79]

* * *

No início dos anos 1950, o problema do Estado não foi a única grande questão para o pensamento político brasileiro. Um segundo tema surgiu, o da sociedade civil, termo que não fazia parte do vocabulário da época. No passado, quando novos grupos sociais irromperam no cenário político, a questão assumiu um significado bastante específico. De fato, o populismo brasileiro, a princípio, apresentava-se como um modo de governar baseado na aliança entre a burguesia industrial, os trabalhadores urbanos, organizados nos sindicatos oficiais, e Getúlio Vargas, que soube jogar com esse arranjo, para manter por anos seu poder intocado. Com o passar do tempo, a burguesia industrial acabou por abandonar essa tríplice aliança, e o populismo só sobreviveu nos anos 1950 sob a forma de uma aliança entre os sindicatos, dominados pelo Estado, e os líderes dos partidos, que permaneceram fiéis à política do presidente. As transformações sofridas pela sociedade brasileira entre as duas grandes guerras forçaram os intelectuais brasileiros a um verdadeiro *aggiornamento* intelectual. Como muito bem observou Gildo Marçal Brandão: "Nesses termos, a ideia-força, organizadora do campo intelectual, é a do desenvolvimento, e a questão subjacente é a da democracia."[80]

É impossível mencionar aqui todos os participantes dos debates sobre a democracia ocorridos durante a República Liberal (1946-1964). Esses foram os anos de aparecimento de novos autores e de um discurso inovador sobre a democracia, fenômeno que

79 Ibid., p. 43.
80 G. M. Brandão, op. cit., p. 240.

pode ser observado em todo o espectro político. Para entender a profundidade do que aconteceu basta lembrar que a democracia e suas instituições eram temas evocados não apenas nos jornais e nos livros, mas também em muitas intervenções de políticos influentes no espaço público. Milton Campos, governador de Minas Gerais de 1947 a 1951, tinha um temperamento político bastante conservador, mas no início da nova República se mostrou entusiasmado com os novos tempos. Em 1951, publicou o livro *Compromisso democrático*, composto em grande parte por seus discursos, nos quais deixava claro que a linguagem democrática havia superado o legado do Estado Novo, para se constituir como referência importante na arena política. Ele não chegou a propor uma nova formulação teórica sobre a natureza do regime democrático, mas afirmou com muita convicção que o regime de liberdades era o horizonte das ações levadas a cabo na esfera pública.[81]

Entre os pensadores políticos, as coisas não foram muito diferentes, apesar de nuances importantes que podem ser notadas. As mudanças daqueles anos são evidentes, mesmo na posição de pensadores conservadores. No início dos anos 1950, o pensamento de Oliveira Viana, que havia participado do governo Vargas e ajudado a criar a imagem de um regime autoritário capaz de unir o povo e a nação, não tinha mais a força de sedução que tivera durante o período autoritário. No entanto, continuou a interessar aos agentes políticos insatisfeitos com a direção tomada pela política nacional depois da Segunda Guerra. A questão democrática aparece na parte final de um de seus últimos trabalhos.[82] Depois de longos desenvolvimentos em torno do tema da formação da nacionalidade, ele retorna à questão do lugar que a democracia ocupava na marcha das ideias políticas entre nós. No livro, estão presentes muitas das teses que o autor

---

81  M. Campos, *Compromisso democrático*.

82  J. F. de Oliveira Viana, *Instituições políticas brasileiras*.

defendera anteriormente. Mas, em novos tempos, Viana procura se afastar dos elementos raciais e da defesa explícita de um regime autoritário, como fizera em seus primeiros escritos.

No Brasil, no contexto do pós-guerra, não havia espaço para doutrinas radicais que negassem o valor da democracia. Oliveira Viana escondeu os aspectos mais extremos de seu pensamento, mas sem abandonar algumas de suas posições tradicionais. A primeira ideia que reaparece nesse seu último trabalho é que o Brasil já vivia em uma democracia desde a Constituição de 1824, que servira de moldura jurídica para a criação do Império. O problema não seria, portanto, a ausência de um regime democrático, mas a sua natureza artificial. Desde seu livro *O idealismo da Constituição* (1927), ele frisou que as elites brasileiras sempre foram guiadas por ideais que nada tinham a ver com a realidade do país.[83] Segundo ele, procurava-se viver como na Inglaterra e nos Estados Unidos, mas não como se deveria viver em um país de tradição ibérica. O resultado seria a criação de regimes artificiais sempre que novas constituições foram adotadas. Consequentemente, nessa lógica, haveria um excesso de democracia e não sua ausência. O problema era, portanto, a ineficiência das instituições para resolver os impasses pelos quais o país passava a cada fracasso de um liberalismo incompreendido.

Segundo Oliveira Viana, a sociedade brasileira era atravessada por duas forças poderosas. A primeira, o clã patriarcal, que dominava o país e impedia sua modernização. A segunda, o idealismo utópico com o qual a elite mal preparada mascarava suas ações retrógradas e pretensamente democráticas.[84] Deste estado de coisas, nascia um espírito de renovação que acreditava poder reconstruir o país reformando suas leis apenas a partir de ideais abstratos. Para o autor, a redação de uma nova constituição,

---

83  J. F. de Oliveira Viana, *O idealismo da Constituição*, p. 39.
84  Ibid., p. 66-67.

baseada na visão clara da natureza do povo brasileiro, exigiria uma forma de realismo político até então ausente nos agentes políticos.[85] No livro, ele tece ainda uma dura crítica à Constituição de 1934, para depois elogiar as características autoritárias e concentradoras do regime de 1937. Em consonância com o pensamento de Azevedo Amaral, ele também nega que o Estado Novo tenha sido um regime ditatorial. Pelo contrário, teria sido uma forma de democracia, adaptada ao momento que o mundo vivia.[86]

Após o fim da Segunda Guerra, Oliveira Viana retornou à análise das constituições do passado, para mais uma vez afirmar sua natureza abstrata e distanciada da realidade social do país. O diagnóstico principal é elaborado a partir de temas muitas vezes controversos, o que faz com que ele não perca nada de sua verve conservadora. O ponto fundamental continuava sendo o fato de que, aos seus olhos, os liberais brasileiros sempre quiseram criar uma democracia inglesa no país, em vez de formar um regime liberal verdadeiramente brasileiro.[87] Um dos focos de resistência aos modelos estrangeiros eram os costumes políticos arraigados do povo, costumes nascidos da história colonial, como o pouco compromisso com o cumprimento das leis, que haviam sido um pouco modificados pelo uso bem dosado de técnicas de governo autoritárias.[88] Mas tais modificações só poderiam ser feitas em algumas etapas, sem aceleração, como o desejavam os comunistas. Caso contrário, a costumeira estrutura patriarcal permaneceria intacta, enquanto a vida política do país seria perturbada. O segundo elemento de resistência à mudança no país era o que o autor já havia descrito como "espírito de clã". Aqui, também, era impossível tentar apagar os efeitos

85 Ibid., p. 116.
86 Ibid., p. 159.
87 J. F. de Oliveira Viana, *Instituições políticas brasileiras*, p. 465.
88 Ibid., p. 468.

dessa estrutura social. Toda mudança que não levasse em conta esses dois fatores estaria fadada ao fracasso.[89] Nesse sentido, Oliveira Viana concluiu: "O que devemos fazer é aceitar resolutamente a nossa condição de brasileiros e as consequências da nossa 'formação social' – e tirarmos todo o partido disto."[90]

À maneira dos pensadores conservadores do início do século xx, como Gustave Le Bon, o autor ensinava que a primeira coisa a fazer era ter cuidado com os políticos e o Parlamento, que, segundo ele, não haviam feito bem algum ao Brasil até aquele momento. Essa declaração tem uma estranha ressonância com os discursos que povoam a cena pública brasileira ainda hoje.[91] Sob o pretexto de criticar a ineficiência das instituições republicanas, Oliveira Viana não hesitava em dizer que o sufrágio universal era um mal que só fazia introduzir na arena pública indivíduos despreparados para exercer a cidadania plena. O povo brasileiro nunca teve uma educação democrática; ele foi jogado na cena pública sem preparação: "No nosso democratismo excessivo e ortodoxamente igualitarista, nivelamos estes dois direitos, que os romanos distinguiam nitidamente."[92] De fato, disse ele: "o nosso homem do povo nunca pôde organizar instituições sociais que educassem na prática do direito de voto e na tradição de escolha dos seus administradores e dirigentes, habituando-se a manejar esta pequenina arma delicada: uma cédula de eleitor."[93]

Ora, anteriormente, o autor havia criticado as elites oligárquicas brasileiras e ressaltado a insuficiência de sua visão de mundo. No período pós-guerra, com a ampliação da participação popular, mesmo se a inclusão de trabalhadores

89  Ibid., p. 469.
90  Ibid., p. 470.
91  Ibid., p. 475.
92  Ibid., p. 484.
93  Ibid., p. 487.

sindicalizados na cena pública era bem percebida por ele, o perigo era transformar o regime supostamente liberal e democrático em uma democracia de massas. Por isso, ele não hesitava em defender um regime de poder restrito:

> *Pode parecer paradoxo; mas, numa democracia como a nossa, elas têm sido a nossa salvação. O nosso grande problema, como já disse alhures, não é acabar com as oligarquias; é transformá-las – fazendo-as passarem da sua atual condição de oligarquias broncas para uma nova condição – de oligarquias esclarecidas. Estas oligarquias esclarecidas seriam então, realmente, a expressão da única forma de democracia possível no Brasil; porque realizada na sua forma genuína, isto é, no sentido ateniense do governo dos melhores.*[94]

Para Oliveira Viana, a solução para criar um regime adaptado às forças sociais brasileiras estava em duas frentes. Em primeiro lugar, era preciso deixar de lado a busca pela liberdade política e procurar garantir a liberdade civil.[95] Dessa forma, os indivíduos poderiam se livrar dos abusos cometidos por pequenos poderes locais e continuar suas vidas sem serem perturbados em suas atividades particulares. Para que esse projeto fosse possível, ele imaginou ser necessário basear no sistema judicial o regime que qualificava como sendo democrático.[96] Só assim o povo viveria em paz, longe dos efeitos nefastos das ações dos poderes executivo e legislativo, que sempre foram corruptos em nosso país.

O pensamento político de Oliveira Viana tem uma estranha ressonância em nossos dias. Por um lado, baseia-se na defesa intransigente do autoritarismo como única forma possível de

94 Ibid., p. 479.
95 Ibid., p. 492.
96 Ibid., p. 503.

organização do que chama de Estado social brasileiro. Partindo do fato de que o povo brasileiro recebeu pouca, ou nenhuma, educação política ao longo do tempo, a consequência natural desse estado de coisas seria sua incapacidade de viver sob um regime de leis inspiradas na tradição do republicanismo e da democracia. Se nem o liberalismo, que aos seus olhos sempre foi uma ideologia da elite, nem o republicanismo puderam ser eficazes entre nós, era necessário encontrar formas correspondentes às reais formações políticas e educacionais do povo. O pensador não hesitava em falar de democracia, mas, como ele mesmo dizia, esse regime seria um governo de elite, que assim deveria ser visto. Por um lado, ele acusava os liberais brasileiros de se esconderem atrás do vocabulário da democracia; por outro lado, reproduzia a mesma operação, mas se colocando no extremo oposto: o do autoritarismo considerado uma forma natural de governo de um povo politicamente imaturo.

Durante as décadas republicanas (1945-1964), esse esquema conceitual foi a base de um sistema de pensamento conservador poderoso. Isso mostra a dificuldade que o liberalismo clássico teve para se estabelecer no país, assim como o republicanismo, na formulação apresentada antes. Em seu campo intelectual, Oliveira Viana esconde com uma cortina de fumaça as astúcias usadas pelos autores autoritários para não explicitar seus preconceitos e, principalmente, sua aversão pela república democrática. Se usarmos como referências os conceitos mencionados na Introdução que escolhi para nos guiar (liberdade, Igualdade, comunidade, participação, autonomia e conflito), veremos como se forma a oposição oligárquica à implantação de um regime de leis no país. Utilizando a linguagem da democracia, acredito que os autores e os agentes públicos impedem a resolução de conflitos por meio de mecanismos públicos; buscam evitar a participação popular em nome de uma educação política medíocre das massas; negam o papel da igualdade social na construção de uma nação livre e, finalmente, fazem da busca pela identidade nacional uma operação de exclusão de grande parte da população do espaço público. É claro, nessas operações de dissimulação, explicita-se o caráter antidemocrático de uma importante família intelectual de nossa história republicana. Os efeitos dessa reflexão ainda hoje se fazem sentir nas sucessivas crises pelas quais a democracia passou no país, sem se consolidar de forma duradoura como o horizonte inultrapassável de nossa vida em comum.

* * *

Deixando de lado a cena conservadora, um ator importante no contexto intelectual dos anos 1950 foi o Partido Comunista. Saindo da clandestinidade após a guerra, o PC obteve resultados encorajadores nas eleições antes de voltar a ser uma organização ilegal. Nesse quadro soube aumentar sua audiência e reputação na imprensa, nos sindicatos e nas associações culturais de tal maneira que se tornou um ator incontornável da vida nacional.[97] O Partido Comunista manteve, durante esse período, um duplo discurso que marcou boa parte da história da esquerda brasileira. Por um lado, conservou a orientação clássica das formações comunistas do período, que visavam acima de tudo derrubar o poder burguês e capitalista. Isso levou o partido, por exemplo, a denunciar o "imperialismo americano" como o pior inimigo do desenvolvimento dos países subdesenvolvidos e a defender uma luta sem trégua contra forças nacionais, como os proprietários de terras, que impediam os proletários de assumir o poder político e desempenhar seu papel histórico.[98]

97 Para um balanço das ações do Partido Comunista Brasileiro no período que nos interessa ver G. Marçal Brandão, "O Partido Comunista como 'esquerda positiva'".
98 Ibid., p. 192.

Mas, ao lado disso, a partir do final dos anos 1950, o Partido Comunista também reconheceu que o capitalismo podia contribuir para a disseminação da democracia e que, no contexto brasileiro, não era preciso considerar que o proletariado estivesse lutando contra todas as outras classes sociais, mas que poderia se aliar a certos setores burgueses como parte da estratégia de longo fôlego de tomada do poder. A partir desse ponto de vista, as disputas eleitorais deixaram de ser vistas apenas como parte da luta de classes, tal como compreendida pelo marxismo tradicional, para serem pensadas como etapa histórica na busca por reforma estruturais que alterariam progressivamente a face do conservadorismo brasileiro.[99]

Mesmo se não se exagerar o papel que desempenhou o Partido Comunista no seio das formações políticas brasileiras da época, é verdade que ele soube conquistar uma posição de influência invejável na vida política do país. Capaz, ao mesmo tempo, de oferecer uma "panorâmica completa de todo o processo de desenvolvimento histórico", sua posição "realista", no final da década de 1950, abriu-lhe portas que lhe eram fechadas quando lutava contra todas as forças do capitalismo. Tendo se tornado um ator credível aos olhos de muitos agentes políticos da época, o Partido Comunista também se tornou o alvo da direita oligárquica. O certo é que, ao longo dos anos 1950, o PC oscilou entre uma linha de ataque direta ao capitalismo e a necessidade de se adequar à realidade nacional, que muitas vezes estava muito distante do que se via nos países europeus de onde emanavam as diretrizes internacionais dos diversos movimentos ligados à causa operária. No Brasil, intelectuais como Mário Alves, Ignacio Rangel, Jacob Gorender, Armênio Guedes, Alberto Passos Guimarães se esforçaram, em particular depois de 1958, para trazer para o seio das organizações do Partido Comunista

99 Ibid., p. 195.

o reconhecimento da importância da questão democrática e do fato de que era necessário reconhecer a especificidade do capitalismo local e mesmo a herança do pensamento liberal que influenciava os rumos da política nacional. Nem sempre foram bem-sucedidos em seus avanços, mas marcaram a história intelectual dos anos que precederam ao golpe de 1964.[100]

\* \* \*

Dentre os intelectuais que reivindicavam pertencer a uma escola de sociologia próxima de Karl Mannheim, que acreditava que todo conhecimento é forjado a partir de fatos objetivos e aspectos subjetivos que tornam a realidade histórica aberta a múltiplas determinações, mas também do marxismo, havia **Florestan Fernandes** (1920-1995), intelectual de origem humilde, predestinado a ocupar um lugar de grande proeminência nas ciências sociais brasileiras.[101] Durante sua vida, lutou para constituir na Universidade de São Paulo uma escola de sociologia aberta ao mundo acadêmico, mas, acima de tudo, respeitosa das experiências comuns do cotidiano e seus enraizamentos nos ambientes sociais e culturais em que se desenrolavam. No interior de sua obra poderosa e original, encontram-se considerações sobre a democracia que são capazes de explicar como a questão foi pensada pelos que se identificavam com posições críticas do caráter conservador das classes dominantes brasileiras. O texto que usarei como referência foi apresentado pela primeira vez em uma conferência em 1954.[102]

---

100 Ibid., p. 197-198.
101 M. A. do N. Arruda, "A sociologia de Florestan Fernandes".
102 Trata-se de uma palestra proferida no Instituto Brasileiro de Economia, Sociologia e Política no [então] Ministério da Educação (ME), em 28 de junho de 1954 que teve seu texto publicado posteriormente na Revista Anhembi. F. Fernandes, Palestra (...).

O sociólogo o escreveu, pelo menos em sua primeira versão, poucas semanas antes do suicídio do presidente Getúlio Vargas, em 24 de agosto do mesmo ano, mas também alguns dias antes do atentado contra Carlos Lacerda, que esperava derrubar o presidente depois de denunciar o envolvimento de seu guarda-costas na preparação de um atentado contra sua vida e de ter descoberto casos de corrupção que inculpavam diretamente pessoas próximas a Vargas. O Brasil vivia, desde 1952, em um clima político tenso. O plano de desenvolvimento econômico do presidente eleito democraticamente em 1950, baseado na criação de uma indústria nacional capaz de tornar o país autônomo em relação às grandes potências mundiais, enfrentava fortes oposições. Vargas conseguira reunir ao seu redor os sindicatos que, durante os primeiros anos da década, sacudiram o país com greves muito bem organizadas. Isso tinha sido importante em um primeiro momento para a manutenção de seu poder, mas os ataques da oposição udenista não cessavam e acabaram por levar setores importantes do Exército, especialmente a Aeronáutica, a conspirar abertamente contra o presidente. A UDN, partido supostamente de orientação liberal, foi protagonista da crise política que erodiu o regime democrático da Segunda República, desde seu começo. Seria ingênuo, no entanto, acreditar que o partido sozinho era responsável pelos problemas do Brasil. A verdade é que a democracia tinha dificuldade em se firmar depois de tantos anos de governo autoritário.[103] O caráter entrópico do regime já parecia prevalecer no início dos anos 1950, quando a República tentava encontrar o caminho para a construção de um regime livre, baseado na Constituição de 1946, que apontava para o abandono definitivo da aventura autoritária dos anos precedentes.

Florestan Fernandes conhecia muito bem o que se passava no Brasil e começou seu texto dizendo que, diante da situação

---

103 L. M. Schwarcz; H. M. Starling, op. cit., p. 399-411.

cada vez mais grave da crise que assolava o país, a percepção era de que a democracia estava em perigo. Os sintomas que eram comumente lembrados, quando se falava da crise, eram o oportunismo reinante de tal maneira que: "Em nossos dias, porém, eles se alargaram de uma forma surpreendente, atingindo proporções que atestam os perigos que ameaçam o destino das chamadas 'instituições democráticas'."[104] Acrescia-se a isso o fato de que a administração pública e a ação política eram conduzidas por indivíduos que colocavam seus interesses em primeiro plano; e, finalmente, que a demagogia dos partidos políticos e de seus dirigentes os afastava dos problemas reais enfrentados pelo país.

Em uma passagem luminosa, o sociólogo expôs o que seria doravante a linguagem de parte importante dos cientistas políticos brasileiros, quando se trata de refletir sobre o processo de implantação da democracia no país. Se não soubéssemos que o texto data de 1954, poderíamos pensar que essa é a descrição feita ontem por um analista político para explicar a crise pela qual passa a democracia brasileira atualmente.

*O diagnóstico propiciado por essas afirmações é invariavelmente o mesmo. Ele consiste na inferência de que 'a democracia está em crise' no país. O que varia é a fundamentação do diagnóstico. Uns acham que a 'crise' resulta da 'crise de crescimento' por que passa o Brasil. Outros, que ela é simples expressão de uma 'crise moral' que abala os alicerces da vida social da nação. Há também os que a atribuem à incompetência das elites, despreparadas para o exercício das tarefas que lhes cabem ou incapazes de se elevarem acima de seus interesses mais estreitos. E, ainda, há os que descarregam a responsabilidade nos ombros do 'povo', cuja ignorância e desorientação somente serviriam aos demagogos. Em um plano*

104 F. Fernandes, "Existe uma crise da democracia no Brasil?", p. 107.

*mais elevado, surgem as análises históricas, que projetam a 'crise' na inconsistência dos partidos, sem capacidade de organização e de arregimentação em bases nacionais.*[105]

Florestan não tinha a intenção de contradizer todas as afirmações das análises que menciona. Ele simplesmente tentou refletir sobre as dificuldades enfrentadas pela democracia no Brasil a partir de considerações que pertenciam à arena pública. Baseava-se na observação de que o pensamento social brasileiro se dividia em duas grandes tendências quando se tratava de analisar a dificuldade de se estabelecer uma democracia no país. A primeira, composta por autores como Oliveira Viana e seus seguidores, insistia sobre o fato de que não era possível instalar um regime democrático nas condições brasileiras. O segundo grupo era composto por autores como Sérgio Buarque de Holanda, que procuravam enfatizar que as tensões entre a ordem jurídica, criada pela Constituição, e a ordem política, criada pelos costumes, impediam o pleno desenvolvimento das instituições democráticas no país mesmo se às vezes podíamos ter a ilusão de que elas estavam em pleno florescimento.[106]

Apesar das dificuldades óbvias do Brasil em adotar as formas políticas livres "copiadas" dos países mais avançados, Florestan se alinhava ao segundo grupo de intérpretes e estava confiante, naquele momento, que a dinâmica da evolução social e política do país o levaria a instituir um regime democrático duradouro.[107] O problema enfrentado por muitos estudiosos do processo de implantação da democracia no Brasil, segundo o sociólogo, se devia ao fato de que eles tendiam a considerar o Estado de

---

105 Ibid., p. 108, destaques meus.
106 Ibid., p. 109.
107 Ibid., p. 110. "A ordem jurídica tende, na sociedade brasileira, para um modelo de organização democrática."

um ponto de vista estático, ao passo que era necessário considerá-lo no seu processo de formação e não como algo imóvel. As dificuldades do processo democrático deviam ser examinadas no contexto da complexa história do Brasil, que não comportava os elementos sociais necessários para a construção de um regime de liberdades tal como ocorrera em outros países. Assim, conclui ele, "o que parece a muitos uma 'crise' da democracia no Brasil é, antes, efeito da lentidão com que se vem operando a substituição dos antigos hábitos e práticas (além do mais, deformados) de vida política, por outros novos, ajustados à ordem legal democrática em elaboração".[108]

Para entender a dinâmica da evolução política brasileira, Florestan Fernandes se servia da hipótese do "atraso cultural". Segundo essa teoria, "A transformação lenta e desigual da sociedade brasileira tem reduzido a formação de atitudes e concepções políticas novas, vinculadas à compreensão racional de interesses sociais e à polarização de obrigações morais criadas pelos padrões de solidariedade social em emergência".[109] Este seria o caso do Brasil. Para ele, a melhor maneira de entender o que estava acontecendo naquele momento era recorrer a essa ferramenta teórica. Não se tratava de negar a existência de uma crise da democracia, mas dar a conhecer suas raízes no longo prazo e no lento processo de desenvolvimento das instituições políticas entre nós.

Para o autor, a solução do enigma estava na educação. Ele ressaltava que, após a proclamação da República, poucas medidas tinham sido tomadas para elevar o nível educacional da população, especialmente das parcelas mais pobres e que viviam em situações sociais profundamente injustas, como os antigos escravizados. Este fato se refletiu não apenas no nível da educação formal, mas também no que ele chamava de educação para a

---

108 Idem, p. 110.
109 Ibid., p. 117.

democracia. No Brasil, apenas o ensino primário havia progredido no interior do país, mas com resultados muito modestos. Isso mostrava que a democracia tinha um poderoso obstáculo a enfrentar para se instalar de vez no país. Por outro lado, os partidos políticos, que em outros países garantiam a pujança das instituições, no Brasil não estavam consolidados como organismos de estruturação dos direitos de participação na vida política e não constituíam uma barreira poderosa contra os ataques vindos do campo autoritário. Naquele contexto, muitos deles conspiravam abertamente contra a Constituição. O sociólogo via na universalização da educação o único caminho para superar a profunda desigualdade que separava as elites econômicas do resto da população.[110]

Coerente com suas posições teóricas, Fernandes engajou-se resolutamente na campanha pela defesa da escola pública. No final do anos 1950, proferiu palestras em muitos lugares, escreveu artigos, falou com políticos, tentou agir em todas as áreas onde sua palavra era solicitada.[111] O resultado do movimento nacional em favor da educação foi, no entanto, muito decepcionante para o sociólogo. Ao final de um processo no qual se empenhou com todas suas forças, viu o Congresso Nacional e o presidente João Goulart (que assumiu a Presidência da República em setembro de 1961, após renuncia de Jânio Quadros) optarem por um caminho conservador, que não correspondia às exigências de uma educação capaz de servir de base para o processo de consolidação da democracia, tal como imaginara.

O fato levou Florestan Fernandes a abandonar a teoria do "atraso cultural" para formular a ideia do "dilema social brasileiro".[112] Essa nova formulação teórica reforçava a questão, já ob-

110 Ibid., p. 125-134.
111 E. D. Liedke Filho, "A sociologia no Brasil: história, teorias e desafios".
112 Ibid., p. 408.

servada por outros estudiosos, de que o Brasil demonstrava um apego ilimitado ao seu passado, o que levara a adotar uma política conservadora, mesmo quando o discurso parecia seguir em outra direção. Em 1962, Fernandes acreditava que tal comportamento exacerbava as tensões e poderia levar o país a uma verdadeira revolução social. O golpe de Estado de 1964 só agravaria as coisas e acabaria por expulsar o grande intelectual do país.[113]

Em uma posição diferente do ponto de vista político e teórico, mas não necessariamente em contradição com as ideias do sociólogo, encontrava-se **Raymundo Faoro** (1925-2003). Apesar de certo clima otimista reinante no país no momento da publicação de seu livro principal, em 1958,[114] os anos que o precederam foram tumultuosos e nada levava a crer que a democracia estivesse duradoura e solidamente implantada no país. Pouco tempo após a morte de Getúlio Vargas, o fantasma dos golpes de Estado voltou a assombrar o país. Em 1956, um grupo de militares sequestrou um avião armado e tentou desencadear uma guerra civil em uma aventura conhecida como o Levante de Jacareacanga.[115] O sonho dos rebeldes de instalar um regime militar no Brasil foi de curta duração, mas mostrou que as forças conservadoras estavam longe de abandonar seu projeto de retomar o poder. Na mesma direção, Carlos Lacerda e seus aliados da UDN não aceitaram a vitória de Juscelino Kubitschek nas eleições de 1955 e tentaram por todos os meios impedir a posse do novo presidente, arregimentando para isso vastos setores das Forças Armadas. O golpe de Estado foi evitado pela ação do general Henrique Teixeira Lott, o comandante legalista do Exército, mas o perigo estava longe de ter sido conjurado, como os brasileiros descobririam alguns anos depois.

---

113 F. Fernandes, *A sociologia em uma era de revolução social*.
114 R. Faoro, *Os donos do poder: formação do patronato político brasileiro*.
115 L. M. Schwarcz; H. M. Starling, op. cit., p. 412.

De qualquer maneira, em 1958 o país vivia a sensação de que entrara em uma nova era com Juscekino Kubitschek, que prometia transformar a face do Brasil com a aceleração do desenvolvimento econômico. Juscelino foi eleito prometendo implantar todos os pontos de um ambicioso "plano de metas" por meio do qual desejava mudar a estrutura produtiva do país. Durante seu mandato de quatro anos, investiu em transporte, energia, indústria pesada, na instalação e importação de equipamentos ultramodernos e na construção da nova capital, Brasília. Parecia, para muitos, haver sólidas razões para o otimismo em relação ao curso do país.

Raymundo Faoro tinha profundas convicções democráticas, mesmo que em seu livro não colocasse o tema de forma central. No lugar disso, ele procurava explorar as raízes das dificuldades que o Brasil encontrava para se libertar de seu passado colonial e de seus traços autoritários. No meio de um período de esperança com o novo presidente e algumas de suas políticas, o jurista apostava no fracasso das políticas de desenvolvimento nacional. Em seu trabalho, ele se declarou abertamente contrário ao marxismo, embora frequentemente citasse Marx e discutisse suas ideias. Por outro lado, Weber era considerado por ele uma importante fonte conceitual, a partir da qual nasceram as ideias fundamentais de seu trabalho. Faoro também teria sido inspirado pelos movimentos libertários de Pernambuco, pelo republicanismo americano e pelo trabalho de Tavares Bastos. Em todo caso, *Os donos do poder* é uma obra impressionante, baseada em grande erudição, e que se tornou uma referência essencial do pensamento político brasileiro.[116]

Seria difícil resumir um livro baseado em teses fortes e por vezes controversas e que, ao mesmo tempo, estuda aspectos

116 L. W. Vianna, "Raymundo Faoro e a difícil busca do moderno no país da modernização".

importantes de uma história multissecular. Consciente desta limitação, irei explorar o significado de algumas de suas propostas, procurando guiar nosso olhar pelo tema que nos interessa mais diretamente. O ponto de partida é a afirmação de Faoro de que "o liberalismo político casa-se harmoniosamente com a propriedade rural, a ideologia a serviço da emancipação de uma classe da túnica centralizadora que a entorpece".[117] Como outros pensadores, ele não acreditava que o pensamento liberal tivesse produzido efeitos positivos na história do Brasil. De fato, no decorrer dos séculos, mesmo antes da independência, ideias oriundas da tradição liberal circulavam por todo o país. Elas serviam frequentemente para construir operadores retóricos a serviço de parcelas das elites mais ou menos informadas do significado dos conceitos e não para sustentar práticas reais de expansão dos direitos de cidadania. Em outras palavras, segundo Faoro, a democracia era uma palavra vazia, apropriada por pequenos grupos de elite no curso de uma história fundada no domínio feroz das classes dominantes. Para esclarecer a dificuldade de se estabelecer um regime democrático no Brasil, era necessário deixar de lado a camada superficial dos debates mais ou menos eruditos, mais ou menos bem-intencionados, para aprofundar a questão da constituição do poder na sociedade brasileira.

Ora, esse poder tinha um nome: "patrimonialismo". O ponto de partida é o fato de que no Brasil, desde o início, a comunidade política se constituiu espelhando-se na forma da vida privada. A classe dirigente sempre administrou os negócios públicos como se eles pertencessem ao mundo fechado da família. A tradição liberal e a tradição marxista, segundo Faoro, partem da ideia de que esse comportamento é parte da primeira fase do desenvolvimento das sociedades modernas e tende a desaparecer com o tempo. A força da tese do autor está na afirmação de que,

---

117  R. Faoro, op. cit., p. 567.

no Brasil, o que deveria ter sido a forma primitiva do poder do Estado continuou existindo ao longo do tempo. "A realidade histórica brasileira demonstrou", afirma ele, "a persistência secular da estrutura patrimonial, resistindo galhardamente, inviolavelmente, em fase progressiva, da experiência capitalista."[118]

O mecanismo que permitiu a manutenção, ao longo dos séculos, do poder derivado da posse da propriedade privada, foi o fato de que ele teria se combinado com o que Faoro chamou de "estamento", que em seu funcionamento hodierno permitia a apropriação dos bens públicos pelos particulares. Ao longo do tempo, o que poderíamos chamar de "patrimonialismo privado" se tornou "patrimonialismo público". Para ele, a chave para entender a colonização portuguesa e depois o poder das elites brasileiras residia na compatibilidade entre o capitalismo moderno e o arcabouço tradicional de administração da economia e da política do país em bases patrimonialistas.[119] Ou, ainda, o sucesso do patrimonialismo enquanto forma de dominação social se devia a seu caráter maleável, à sua capacidade em concentrar no órgão estatal os mecanismos que gerenciam as operações financeiras, as concessões públicas e uma ampla gama de ações políticas e econômicas.[120] Sob o regime patrimonialista, a burocracia, que deveria ser um dispositivo de gestão neutro, torna-se um "Estado burocrático". Nessa forma de poder, não há espaço para um governo de soberania popular, nem para a democracia.[121]

Partindo do que acabou de ser dito, é forçoso constatar que no regime de poder no Brasil não há espaço para a participação popular. A base da pirâmide social é composta por um povo sem direitos. Os mais pobres, ao longo do tempo, estão sempre à espera

118 Ibid., p. 822.
119 Ibid., p. 823.
120 Ibid., p. 824.
121 Ibid., p. 829.

de um salvador. O resultado do que ele chama de "governo estamental" são regimes autoritários, controlados por elites, que mudam sem realmente modificar seu caráter autocrático.[122] "A elite das democracias não pode se consolidar para se tornar num estrato privilegiado, mutável nas pessoas mas fechado estruturalmente", diz ele.[123] Ora, nessa forma política não há lugar para os conflitos. Eles sempre vêm de fora, de agentes capitalistas estrangeiros, mas não possuem dinâmica interna capaz de modificar o status das forças sociais reais. O Estado burocrático possui esquemas adaptativos que permitem que ele sobreviva em meio às contínuas transformações de forças que ele não pode controlar. Seu caráter fechado serve como uma barreira às mudanças da conjuntura política. "A nação e o Estado, nessa dissonância de ecos profundos, cindem-se em realidades diversas, estranhas, opostas, que mutuamente se desconhecem."[124]

Nesse contexto, a pressão da ideologia liberal e democrática não conseguiu romper a dominação do patronato político sobre a nação. O Brasil permaneceu preso na armadilha de sua forma política tradicional.[125] Para Faoro, consequentemente, não havia razão para esperar pelo desenvolvimento de um regime democrático de curto prazo no país. Havia, é claro, o fato de que a Constituição de 1946 não tinha sido capaz de dar ao país a estabilidade política necessária para libertar a sociedade do Estado. Mas, se considerarmos os parâmetros que seguimos neste estudo, veremos que a situação era ainda pior do que um pensador ligado à tradição liberal clássica podia supor. O elemento popular estava longe de romper o domínio das elites na cena pública, para poder participar ativamente dos negócios do Estado,

122 Ibid., p. 828.
123 Ibid., p. 830.
124 Ibid., p. 832.
125 Ibid., p. 830.

apesar do crescimento contínuo registrado no decorrer das décadas que se seguiram à proclamação da República das reivindicações populares por mais liberdade e igualdade. Os sindicatos puderam expressar essas reivindicações em diferentes épocas, mas acabaram também sendo engolidos pelo Estado. A sociedade civil era frágil nesses anos tumultuosos, e a ideia de expandir os direitos políticos, sociais e civis para vastas camadas da população era um desiderato de mentes modernas, mas estava longe de influenciar o destino do país. Faoro não previu o fim da Segunda República, mas deu todos os elementos para refletir sobre as profundas razões que levariam o país, alguns anos após a publicação de seu livro, a outro período autoritário.

## O fim de uma era

As lutas políticas da década de 1960 no Brasil foram marcadas pelo espectro do comunismo e por uma exigência de reformas capazes de resolver os graves problemas estruturais que condenavam grande parte dos brasileiros à miséria. O então presidente João Goulart, que assumiu o governo em 1961, lançou o projeto chamado de "reformas de base", que incluía a reforma agrária, uma reforma urbana suscetível de tornar proprietários de suas habitações antigos locatários, a concessão do direito de voto aos analfabetos e algumas medidas econômicas visando aumentar a participação do Estado na economia. Como observou o historiador Boris Fausto, nada disso indicava que ele desejava a implantação de uma sociedade socialista no Brasil. Seus propósitos eram bem modestos e indicavam apenas o desejo de modernizar o capitalismo brasileiro por meio da redução das desigualdades sociais.[126] No entanto, não foi dessa maneira que

126 B. Fausto, *História do Brasil*, p. 448.

as elites conservadoras compreenderam seus planos de governo. Como ocorre ainda hoje no país, qualquer tentativa de atacar o problema das desigualdades de condição dos cidadãos aparece como uma ameaça aos privilégios acumulados durante séculos por uma elite predatória e antidemocrática.

Nessa atmosfera política particularmente tensa do final dos anos 1950 e início dos anos 1960, é curioso notar que os debates entre a esquerda populista e a direita não se centravam necessariamente na questão democrática. Para se ter uma ideia da situação, basta observar os trabalhos realizados no Instituto Superior de Estudos Brasileiros (Iseb).[127] Criado em 1955 por intelectuais como Hélio Jaguaribe, Roland Corbisier, Guerreiro Ramos, Nelson Werneck Sodré, Cândido Mendes de Almeida, entre outros, o Iseb nasceu como uma instituição pública de reflexão, que se tornaria uma referência nos debates que dominavam a vida política do país. Como Francisco Weffort sugeriu, o instituto pretendia afirmar o primado da ideologia nacionalista voltada para a defesa do desenvolvimento como horizonte final do processo de formação da nação. Ao mesmo tempo, seus pensadores acreditavam que era dever da instituição criar as bases ideológicas para a transformação do país.[128] O Iseb era uma organização pluralista, mesmo se a presença de Álvaro Vieira Pinto tivesse modificado a orientação inicial do instituto, marcada pelo pluralismo conceitual aberto a correntes variadas de pensamento que iam de Weber ao culturalismo americano, propalado por Hélio Jaguaribe. Pouco a pouco, no entanto, o Iseb optou por posições políticas mais próximas da esquerda radical, ainda que nunca tenha se transformado em algo como uma organização partidária infensa às diferenças ideológicas. Pode-se dizer, de maneira um tanto esquemática, que o instituto, nos anos 1950, foi

127 D. Pécault, op. cit., p. 107-140.
128 F. Weffort, op. cit., p. 304.

dominado por ideias derivadas do historicismo e do culturalismo.[129] Nessa vasta abordagem, os participantes do Iseb queriam, acima de tudo, pensar os problemas do Brasil com ferramentas conceituais capazes de apreender as especificidades da história brasileira e os desafios do desenvolvimento do país nas condições que lhe eram peculiares.

Surpreende, entretanto, que pensadores com as mais diversas orientações teóricas, e todos partidários da democracia, não tenham feito dela seu principal tema de reflexão. A meta principal para seus membros era criar um projeto nacional capaz de fazer o país se desenvolver de forma autônoma.[130] Hélio Jaguaribe, por exemplo, pensava que a economia havia se tornado uma ciência essencial para a vida do país. Para ele, sem mergulhar em seus meandros, não seria possível propor políticas realistas para o Brasil. Os pensadores das muitas tendências que frequentavam o Iseb haviam rompido com o fascínio por formas autoritárias de governo; pensavam a questão do desenvolvimento como sendo igual à questão democrática; mas não lhes parecia necessário formular uma teoria da democracia e suas formas concretas. Eles agiam como se estivessem convencidos de que o desenvolvimento econômico levaria necessariamente o país para esse terreno. O golpe civil-militar de 1964, que desencadearia uma perseguição generalizada contra os membros do instituto, demonstrou que um governo militar podia colocar o desenvolvimento econômico do país no centro de suas preocupações e, ao mesmo tempo, destruir as instituições democráticas.[131] Com isso não contavam aqueles intelectuais, que sonharam com um país livre e senhor de seu destino.

---

129 Ibid., p. 305.
130 Ibid., p. 309.
131 Para uma visão panorâmica da história do Iseb, ver C. N. de Toledo, *Iseb: fábrica de ideologias*.

**144**

\* \* \*

Mais uma vez, o regime democrático entrou em colapso sob o peso das forças entrópicas que o tinham dominado. É claro que, no contexto da guerra fria, não é possível ignorar os elementos externos que interferiram diretamente nos eventos que levaram ao golpe civil-militar. A presença de agentes americanos no território nacional e a pressão contínua do governo dos Estados Unidos sobre os dirigentes brasileiros e sobre o empresariado são hoje fatos comprovados pelos documentos diplomáticos dos dois países que foram revelados recentemente. O medo do comunismo fazia com que o Brasil fosse considerado um país importante na luta geopolítica que as duas potências travavam em várias regiões do planeta. Nesse contexto, no entanto, também não se pode desconsiderar o fato de que, desde o início dos anos 1950, a democracia brasileira, baseada em uma base popular mais ampla do que a da Primeira República, mas, ainda assim, muito restrita, mostrou que não podia estabilizar suas formas e resolver de maneira equilibrada os conflitos que a atravessavam. Sem resolver os problemas decorrentes da enorme desigualdade social que subsistia, sem alcançar no plano internacional a autonomia sonhada e incapaz de estabelecer sua própria identidade política, o Brasil foi mais uma vez tomado pela entropia que caracteriza sua história republicana.

# A Terceira República ou a era da esperança (1964-2010)
## A ideia democrática da ditadura militar aos governos Lula

Pode parecer estranho que um período marcado por uma ditadura de mais de duas décadas seja chamado de era da esperança. Durante muitos anos, a vida do país foi dominada pelo medo e pelo trauma da violência perpetrada por agentes do Estado e pela possibilidade de que o regime autoritário se perpetuasse, "mudando para ficar tudo do mesmo jeito", como dizia o personagem principal de Lampedusa em *O leopardo*.[1] O golpe civil-militar de 1964 destruiu as organizações sindicais e os partidos, atacou as universidades e órgãos da imprensa independente, expulsou do país ou calou um grande número de intelectuais e artistas, prendeu, torturou e matou seus opositores. Mas nem com toda essa voracidade para dominar a vida pública do país foi capaz de impedir que os sonhos democráticos, gestados nas décadas anteriores, continuassem a fazer parte dos horizontes brasileiros.

Em um primeiro momento, esses sonhos vinham embalados pela ideia de revolução, assim como em muitos países mundo afora. Em maio de 1968, essa se tornou o referencial principal para os que desejavam mudar o mundo, nem sempre na direção dos acontecimentos que haviam galvanizado a cena internacional ao longo dos dois séculos anteriores. Pautas inovadoras apontavam para mudanças que não faziam parte do imaginário

---

1 G. T. di Lampedusa, *O leopardo*.

revolucionário até então, colocando no centro das reivindicações temas ligados aos costumes, à organização do trabalho, à liberação das mulheres, que não eram vistos nos movimentos tradicionais de contestação dos poderes estabelecidos. Por aqui, os ventos de renovação foram barrados pelos atos institucionais promulgados pela ditadura, que colocaram fim a qualquer veleidade libertária. Editados pelos comandantes militares, ou diretamente pelo presidente da República, eles visavam dar um ar de legalidade às ações arbitrárias cometidas por membros do governo ou por seus agentes. Entre 1964 e 1969 foram editados, ao todo, dezessete atos. O AI-5, editado em 13 de dezembro de 1968, foi certamente o mais nefasto. Em apenas doze artigos, ele concedia ao presidente da República poderes para suspender os direitos políticos de qualquer cidadão, cassar o mandato de eleitos em todos os níveis da federação, fechar o Congresso e acabar com o *habeas corpus* para crimes políticos. Nesse contexto adverso, as demandas por mudanças conseguiram penetrar nos poros da sociedade, apontando para a necessidade de transformação tanto na política quanto na cultura e nos costumes. Mesmo com toda a repressão, a vida intelectual rapidamente encontrou caminhos para sobreviver em revistas como a *Civilização Brasileira*, em universidades, em pequenos jornais e em livros de maior fôlego, que marcariam o cenário intelectual do país. Autores, muitos deles diretamente atingidos pela vaga repressiva, como Florestan Fernandes e Caio Prado Júnior, e toda uma nova geração de intelectuais como Fernando Henrique Cardoso, Octavio Ianni, Darcy Ribeiro, Roberto Schwarz, mantiveram vivos os laços com os grandes intérpretes do Brasil que haviam produzido até ali, ao mesmo tempo que inovavam em suas análises históricas tanto do ponto de vista teórico quanto metodológico.

Desejava-se a revolução, muitos acreditaram que ela estava próxima, e o sonho democrático estava cada vez mais na ordem do dia, uma vez que se foi criando o consenso de que, para sair do pesadelo da ditadura, era necessário restabelecer as liberdades políticas e civis, organizar a sociedade e criar instituições duradouras. Em uma palavra, era preciso construir a democracia. Já no curso nos anos 1970, uma nova geração de pensadores, dentre os quais se destacavam os há pouco mencionados Fernando Henrique Cardoso, Octavio Ianni, Darcy Ribeiro e Roberto Schwarz, abria-se para novos temas e problemas e abordava a questão da democracia por meio de instrumentos conceituais e perspectivas analíticas diferentes das que haviam prevalecido nos anos anteriores ao golpe de 1964.

No fim dos anos 1970, a filósofa Marilena Chaui se tornara uma das vozes mais influentes da cena intelectual ao combinar a análise da democracia com a crítica do capitalismo numa linguagem teórica na qual compareciam pensadores como Claude Lefort e Merleau-Ponty. Aos poucos, o cenário intelectual foi sendo alterado com mudanças políticas que prometiam instalar finalmente um regime democrático sólido no país. Se, no curso da década de 1980, pensadores como Francisco Weffort ainda falavam dos laços indissolúveis entre democracia e socialismo, o aparecimento da Terceira República, com a promulgação da Constituição de 1988, fez surgir uma nova era da esperança, com a multiplicação de estudos sobre a democracia e a República. De um lado, as ciências sociais ampliaram seus paradigmas teóricos, trazendo para o centro da cena intelectual estudos da dinâmica das instituições democráticas que até então ocupavam um lugar modesto na academia. Estudiosos como Wanderley Guilherme dos Santos, José Murilo de Carvalho e Sérgio Abranches não somente introduziram novas temáticas nos debates, como também asseguraram a ponte entre as novas gerações de cientistas sociais e o passado dos intérpretes do Brasil. No campo do republicanismo, a partir da década de 1990, novos estudos levados a cabo por pensadores como Sérgio Cardoso, Heloisa

Starling e Helton Adverse contribuíram para animar o debate sobre as relações entre a tradição republicana e a democracia numa chave até então desconhecida no Brasil.

A eleição de Luiz Inácio Lula da Silva para presidente em 2002 pareceu indicar que batizar as últimas décadas do século xx de era da esperança se justificava plenamente. Com todos os percalços do período, o sentimento positivo com relação aos destinos do país durou por muito tempo, fazendo-nos esquecer das fragilidades que corroem nosso sistema político desde a criação da República e que o definem melhor pela entropia de suas formas do que pela resistência à passagem do tempo.

## A resistência se organiza

Em 1964, a Segunda República terminou. O intenso movimento político e cultural, que tinha levado muitos intelectuais ao centro do cenário político, foi abruptamente interrompido, comprometendo novamente o desenvolvimento da democracia no país. A instauração da ditadura e seu posterior endurecimento com a implantação dos atos institucionais, sobretudo o mais severo entre todos, o Ato Institucional número 5, em dezembro de 1968, tiveram um impacto significativo não apenas no cenário político, mas na vida pública como um todo. Nesse sentido, a perseguição a professores universitários, intelectuais, jornalistas e artistas criou um clima de medo que dificultou o surgimento de novos talentos e movimentos de reivindicações políticas que pululavam no país nos anos anteriores.

Mesmo com a violência da repressão do regime, a vida intelectual brasileira não se extinguiu entre 1964 e 1980. No Rio de Janeiro, a revista *Civilização Brasileira* reuniu intelectuais de posições predominantemente nacionalistas, mas também os que buscavam um novo caminho para continuar expressando suas posições teóricas e combater as forças da reação. A revista foi suprimida no decorrer dos anos 1970, mas, durante sua existência, foi um grande polo de debate capaz de influenciar a cena intelectual de forma duradoura. Em São Paulo, a Universidade de São Paulo (USP) continuou sendo um importante núcleo de resistência à ditadura. De seus quadros saiu um número significativo de intelectuais responsáveis pela renovação das ciências sociais brasileiras e por uma nova forma de participação no cenário público. Em várias cidades, sobre os escombros das instituições existentes antes do golpe, muitos se reorganizaram em grupos de reflexão e de ação política sobre novas bases.[2] Em muitas universidades, como a Universidade Federal de Minas Gerais (UFMG), o regime teve dificuldades para se implantar, mesmo com sua política de repressão contra professores e alunos. Nessa mesma época, o surgimento de instituições como o Centro Brasileiro de Análise e Planejamento (Cebrap) ou o Instituto Universitário de Pesquisas do Rio de Janeiro (Iuperj) contribuíram para colocar pesquisadores de ciências sociais de volta na luta contra a ditadura, o que não deixou de ter reflexos em sua produção científica.[3]

De maneira simplificada, podemos dizer que o tema de reflexão mais importante desse período foi a contradição entre a ditadura e a revolução, ou a dificuldade de inserção do país na ordem capitalista mundial. Em uma chave diferente, mas não oposta, o estudo da natureza do capitalismo brasileiro, presente na literatura brasileira desde os anos 1930, encontrou formulações inovadoras em Fernando Henrique Cardoso, Florestan Fernandes, Octavio Ianni, Darcy Ribeiro, Roberto Schwarz, Caio Prado Júnior, entre outros.[4] Em geral, o tema da democracia

2   D. Pécault, op. cit., p. 205-222.
3   Ibid., p. 300.
4   Ibid., p. 195.

estava presente nos conflitos políticos, mas não nos conflitos teóricos. Tratava-se de um horizonte de demandas, mas não o eixo central do pensamento político do momento. Foi preciso, portanto, aguardar o final dos anos 1970, quando ficou claro que a ditadura militar caminhava para o fim, para que os debates sobre a questão democrática retomassem um lugar de destaque na cena intelectual brasileira.

Nesse período, surgiram muitos trabalhos destinados a se tornarem clássicos do pensamento social e político brasileiro.[5] No entanto, antes de abordarmos diretamente os escritos produzidos no fim da década de 1970, vale a pena traçar um panorama sintético do debate intelectual dos anos de chumbo, entre 1964 e 1979.

O primeiro livro importante do período foi publicado já em 1966, oferecendo uma visão clara do debate em torno de questões como o papel da burguesia nacional no desenvolvimento do país e o lugar da revolução em sua evolução histórica.[6] Caio Prado Júnior era um intelectual já conhecido na época, mesmo se sua filiação ao Partido Comunista Brasileiro (PCB) não lhe tivesse sido útil para difundir seus escritos fora dos círculos de esquerda. Marxista convicto, ele tinha se oposto desde o início de sua carreira às teses segundo as quais o Brasil tinha desenvolvido uma espécie de feudalismo ibérico atrasado. Essa convicção havia conduzido o PCB a sustentar que, antes de lutar pela instauração do socialismo no país, era preciso se unir à burguesia contra as assim chamadas forças retardatárias. Caio Prado nunca aceitou essa tese porque, para ele, o Brasil estava inscrito no sistema capitalista de produção desde o início de sua história colonial. A luta contra o capitalismo estava na agenda do dia e não podia ser adiada em nome de uma aliança com parte da

---

5   S. Miceli (org.), *O que ler na ciência social brasileira (1970-1995)*.
6   C. Prado Júnior, *A revolução brasileira*.

burguesia ligada à indústria contra o poder das elites agrárias. É por isso que ele afirma:

> *É nesse sentido que o termo 'revolução' é empregado no título do presente livro. O que se objetiva nele é essencialmente mostrar que o Brasil se encontra na atualidade em face ou na iminência de um daqueles momentos acima assinalados em que se impõem de pronto reformas e transformações capazes de reestruturar a vida do país de maneira consentânea com suas necessidades mais gerais e profundas, e as aspirações da grande massa de sua população que, no estado atual, não são devidamente atendidas.*[7]

O livro *A revolução brasileira*, publicado em 1966, é marcado pela crítica às posições que classificava como esquerdistas e que propugnavam uma aliança com as forças nacionalistas, que haviam ocupado um lugar de destaque nos anos que precederam ao golpe de Estado. Essa posição lhe valeu severas críticas vindas de pessoas ligadas ao PCB. Ele também tinha a convicção de que era necessário lutar contra as ideologias de direita que pregavam uma modificação lenta das condições de existência dos setores mais desfavorecidos da população. Para Caio Prado Júnior, o Brasil caminhava para o socialismo, embora fosse impossível dizer como o processo de transformação de suas estruturas de produção fosse se desenrolar.[8] Nesse quadro, o erro das forças de esquerda não advinha de uma visão confusa da conjuntura política, mas das análises levadas a cabo por pensadores que partiam de uma concepção abstrata da realidade e desconheciam o pensamento de Marx em toda a sua profundidade.[9]

7   Ibid., p. 12.
8   Ibid., p. 20.
9   Ibid., p. 31.

O intérprete já havia denunciado os enganos de leitura supostamente inspirados pelo pensamento marxista sobre a natureza da exploração agrária no Brasil, mas, naquele ano, abordava o assunto em termos ainda mais radicais e controversos.[10]

Como em seus estudos anteriores, o autor parecia muito sensível às condições reais de vida do trabalhador brasileiro em todas as suas manifestações, porque, para ele, não era possível fazer distinções de caráter político estrutural entre as categorias ligadas às atividades urbanas e rurais.[11] O importante era o fato de que as forças de esquerda tinham sido levadas a assumir posições errôneas, ignorando a natureza da "revolução brasileira", o que tinha facilitado a reação dos setores atrasados do país. Para fundamentar suas críticas, Caio Prado retomava as análises que já havia feito sobre o passado colonial do país e sua formação econômica.[12] Aos poucos, ele explica suas ideias e críticas, levando o leitor ao coração de uma interpretação do Brasil que, desde o início, visava manter um olho sobre a realidade nacional e outro nos movimentos do capitalismo internacional. O guia dessa aventura sempre foi Marx, embora se tratasse de um Marx muito próximo do inspirador dos partidos comunistas ocidentais e pouco aberto às inovações conceituais de seus novos intérpretes europeus.

Caio Prado não apresenta um "projeto político", mas sim um diagnóstico, que deveria permitir aos militantes de esquerda agir na direção certa da construção de uma revolução. Dedica-se a estudar a questão sob todos os ângulos que considerava relevantes – social, político, econômico – para propor um programa baseado em uma avaliação da situação das classes populares brasileiras e sua dependência ao capitalismo internacional. Alguns de seus críticos tinham alegado que ele havia proposto

10 Ibid., p. 41.
11 Ibid., p. 55.
12 Ibid., p. 59-77.

um programa muito complexo para levar a cabo a revolução no país, o que não poderia dar certo. Caio Prado se defendia procurando antes afirmar a exatidão de suas análises da realidade brasileira. Se seu ponto de vista analítico estivesse correto, era de se esperar que ajudaria a entender a marcha do país em direção ao socialismo. Esta sempre foi sua convicção. Depois de ter estudado a situação brasileira em sua especificidade e sua relação com o contexto mundial, ele afirmava:

> *É precisamente nessa situação que se propõem as premissas da revolução brasileira, pois, com as transformações revolucionárias que analisamos, é de nossa libertação de tal sistema que se trata. A revolução brasileira, no conjunto de seus aspectos, significa a desconexão daquele sistema e o desmembramento, no que nos diz respeito, do mesmo sistema. O rompimento dele em sua periferia. Nesse sentido, e com todas as características próprias e específicas que a singularizam, a revolução brasileira se assimila às revoluções dos demais povos e países dependentes do imperialismo e a ele subordinados.*[13]

O livro sintetiza de forma precisa o universo conceitual e prático dos debates envolvendo intelectuais que lutavam contra a ditadura, ao mesmo tempo que buscavam manter um lugar de destaque na condução do futuro do país, ainda que fosse apenas no campo da resistência. Como muitos na época, Caio Prado Júnior não falava em democracia e não procurava entender seus mecanismos de funcionamento nem seus valores. No máximo ele citava a "democracia burguesa" como um estágio da revolução vindoura, sem considerar o regime como um elemento central de sua reflexão.[14]

13 Ibid., p. 136.
14 Ibid., p. 50.

O segundo livro que nos interessa foi publicado em 1975 e é de autoria de Florestan Fernandes.[15] O autor foi duramente perseguido pela ditadura e pagou alto preço por seu status de "militante socialista" e por sua defesa intransigente da liberdade política. Tendo sido aposentado compulsoriamente em 1969 da Universidade de São Paulo, viveu os anos seguintes no exílio, experiência que o marcou intensamente. Essa sua obra é produto das circunstâncias vividas pelo autor e da imensa acumulação de conhecimento que marcaram sua trajetória de sociólogo.[16] O tema central, se é possível falar de um único eixo em uma obra de grande riqueza e complexidade, é o da formação histórica do país à luz do desenvolvimento da sociedade de classes em um ambiente marcado pela escravidão e a profunda desigualdade entre os estratos sociais. A proposta do livro é de lançar luz sobre o significado de nossa história se utilizando de um aparato conceitual que deve muito a Marx. Nas palavras do autor: "Falar em revolução burguesa nesse sentido, consiste em procurar os agentes humanos das grandes transformações histórico-sociais que estão por trás da desagregação do regime escravocrata-senhorial e da formação de uma sociedade de classes no Brasil."[17]

Florestan retoma muitas questões que haviam aparecido em seus escritos do passado para analisá-las de outro ponto de vista. Apesar das inovações que introduz, ele retoma a forma literária do ensaio, que caracterizara a produção dos intérpretes do Brasil. A opção pelo gênero está relacionada às suas dificuldades pessoais e políticas, mas reflete igualmente seu desejo de trabalhar sobre questões ligadas à identidade brasileira no

---

15 F. Fernandes, *A revolução burguesa no Brasil.*
16 M. A. do N. Arruda, "Florestan Fernandes: vocação científica e compromisso de vida".
17 F. Fernandes, op. cit., p. 20.

longo prazo e de maneira mais livre, porque, como ele adverte na obra, não se tratava de um texto acadêmico no sentido estrito.

Voltando seu olhar para o momento da independência, Florestan Fernandes observa que começara no início do século XIX a estranha convivência entre a ideologia econômica liberal e a dominação do campo político pelos grandes proprietários de terra. O liberalismo prevaleceu com o surgimento gradual da burguesia, mas a utopia liberal se mostrou irrealizável, em toda a sua extensão, nas condições reais do país. Assim, poderíamos dizer que o liberalismo existia entre nós enquanto ideologia, mas não poderia florescer em um curto espaço de tempo.[18] No plano econômico, tudo acontece como se o capitalismo tivesse se desenvolvido no Brasil antes de encontrar as condições políticas para seu completo estabelecimento. No entanto, apesar da tensão e por vezes do conflito entre o patrimonialismo e o liberalismo, o Estado sempre esteve ao lado da iniciativa privada, protegendo-a e reforçando-a.[19] Não havia dúvida sobre a orientação do processo de formação da identidade brasileira e sobre seu lugar no concerto das nações capitalistas.

O livro procura elucidar o sentido desse caminho sinuoso à luz de teorias que colocam o processo econômico e sua imbricação na esfera política no centro de seu aparato conceitual. Marx adquire um lugar de destaque nessa abordagem, mas seria errado imaginar que a obra seja um produto de pura teoria marxista. O poder do texto reside no fato de que seu autor presta atenção às peculiaridades do objeto que estuda, o que seria impossível se tivesse sido conduzido por uma leitura dogmática da realidade capitalista.[20]

A segunda parte do ensaio, como o próprio autor diz, é apenas um fragmento sobre a formação da ordem social concorrencial.

18  Ibid., p. 49.
19  Ibid., p. 71.
20  Ibid., p. 89.

Apesar do caráter lacunar das investigações, elas expõem o aparecimento do capitalismo entre nós.[21] Ora, o desenvolvimento do capitalismo ocorreu no Brasil em concomitância com a manutenção da tradição agrária patrimonialista. Se deixarmos de lado este fato, a história do país se torna um enigma sem solução. Neste terreno pantanoso onde as relações sociais permanecem em estado de dependência ambígua aos laços de subordinação das estruturas do passado, enquanto aspiram a se modernizar, a burguesia desempenha um papel muito diferente daquele que teve nos países europeus na época da industrialização. Entre nós, essa tarefa foi atribuída ao Estado.[22] Florestan caracteriza esse estágio de desenvolvimento das forças produtivas como sendo de um capitalismo dependente. Deve-se notar que este modo de lidar com o problema da formação histórica brasileira nos anos 1970 esteve presente em muitas obras.

A terceira parte da obra de Florestan Fernandes é dedicada ao estudo da transição do capitalismo concorrencial, tal como ele se desenvolveu no país, para o capitalismo monopolista.[23] Para o autor, não existe um percurso único de implantação do capitalismo nas diversas situações históricas nas quais ele aparece, mas não se pode escapar de seus estágios nem contrariar o fato de que uma economia dependente sempre será influenciada pelos avanços dos países centrais.[24] É a partir dos anos 1950 que a transição para a fase monopolista do capitalismo vai se acentuar entre nós.[25] Por um lado, isso foi possível pela inclusão do Brasil, enquanto economia dependente, no processo de transformação das forças produtivas internacionais; por

21  Ibid., p. 150-156.
22  Ibid., p. 203-204.
23  Ibid., p. 215.
24  Ibid., p. 240-241.
25  Ibid., p. 255.

outro, pela decisão interna de acelerar o processo de industrialização, que teve impactos variados não apenas no plano econômico, mas também no plano político.[26] Em geral, a chamada revolução burguesa implicava uma combinação de desenvolvimento capitalista e dominação política da burguesia. No caso do Brasil, segundo ele, estamos diante de uma manifestação brutal e ao mesmo tempo reveladora da natureza do poder burguês.[27] Na situação particular de um capitalismo atrasado, combinado com o reinado de forças políticas retrógradas, a democracia, em sua forma liberal, não é considerada pela burguesia como um passo necessário para o desenvolvimento histórico do país. O ressurgimento contínuo de regimes autoritários está, portanto, ligado à maneira como o capitalismo se desenvolveu entre nós, mas também ao modo de conservação do poder pelas classes dominantes ao longo do tempo.[28]

O Brasil fora exposto, nos anos anteriores a 1964, a uma transformação que o autor qualificava de potencialmente pré-revolucionária. Isso era devido às divisões que pareciam ameaçar a unidade do poder das classes abastadas. No entanto, nada disso provocou a ruptura das estruturas de dominação burguesas.[29] Poderíamos dizer, a partir de Florestan Fernandes, que a burguesia brasileira não queria adotar um regime democrático típico de outras nações capitalistas, porque isso lhe parecia uma ameaça ao seu poder e não um estágio de seu desenvolvimento enquanto classe dominante.[30] Em conclusão, ele diz: "Aqui, pois, é evidente que o consenso burguês concilia a tradição brasileira, de democracia restrita – a democracia entre iguais, isto é

26  Ibid., p. 259.
27  Ibid., p. 297.
28  Ibid., p. 299.
29  Ibid., p. 322.
30  Ibid., p. 335.

poderosos que dominam e representam a sociedade civil – com a orientação modernizadora, de governo forte."[31]

À luz dessas análises, entendemos por que Florestan Fernandes nunca mais retomou o otimismo discreto de 1954, quando julgava que a democracia estava no horizonte da sociedade brasileira. Antes do fim da ditadura, em 1985, ele participou intensamente dos debates sobre o futuro do país e sobre a implantação de um novo regime político. Marcado por suas experiências pessoais e por sua longa meditação sobre a história do Brasil, apoiou o processo de construção de uma nova república, mas sempre mantendo uma grande desconfiança em relação às soluções apresentadas por atores conservadores, que ele chamava de via burguesa para o enfrentamento dos problemas.[32] O reverso da medalha era que, segundo ele, o ressurgimento dos movimentos sociais e dos sindicatos urbanos levava a pensar que a classe operária resistiria aos projetos da burguesia em toda as suas formas.[33] No fundo, seu pensamento era muito pessimista, mesmo diante da possibilidade de retorno da democracia com o fim do regime ditatorial, porque, conforme dizia: "No Brasil, nunca existiu uma República – e nunca existirá alguma, que mereça o nome, enquanto as classes dirigentes ficarem tão rentes a essa barbárie que se rotula civilização e toma ares de democracia à brasileira".[34]

Florestan tinha sido o mestre de sociólogos como Fernando Henrique Cardoso, Octavio Ianni e certamente os influenciou assim que começaram a pensar os impasses do capitalismo dependente.[35] Fernando Henrique Cardoso, por exemplo, publicou em 1975 um livro que reflete a necessidade que sentiam alguns

31 Ibid., p. 347.
32 F. Fernandes, *Que tipo de República?*, p. 139.
33 Ibid., p. 143.
34 Ibid., p. 75.
35 Ibid., p. 214.

intelectuais de pensar o desenvolvimento do capitalismo no Brasil à distância das teses que tendiam a simplificar os problemas em vez de enfrentá-los em toda a sua complexidade. Em *Autoritarismo e democratização* ele propõe deixar de lado a visão de pensadores autoritários, que pregavam o controle do Estado sobre "o organismo coletivo", bem como o "utopismo" das teses dos liberais, que eram incapazes de ir até o fim de suas reivindicações libertárias, apelando para as forças do Estado sempre que pensavam que os interesses das classes superiores estavam em perigo.[36] A esquerda, por sua vez, repetia a crítica do "Estado burguês" sem poder avançar na análise da peculiaridade da situação brasileira no interior do capitalismo mundial. O sociólogo elaborou uma maneira de entender o funcionamento do sistema político brasileiro muito arguta. Para ele, dois setores eram fundamentais: a burocracia pública e a grande empresa privada. Para que o conjunto funcionasse, era necessário que as duas estruturas se comunicassem. Isso era feito através dos "anéis de poder", garantindo que os interesses dos grupos dominantes fossem ouvidos pela burocracia que, ao mesmo tempo, podia interferir na vida econômica em seu favor.[37] Ao longo do tempo, o sistema se tornou funcional, permitindo que a acumulação se fizesse pela via capitalista. Diante desse estado de coisas, Fernando Henrique estimou que a democracia devia ser restaurada a fim de permitir que o país saísse do círculo vicioso das duas esferas, que estavam satisfeitas com o autoritarismo do Estado em seu modo de funcionamento.[38] Não se tratava de um mero desejo, mas de uma exigência para os que pensavam que o país deveria deixar para trás seu passado colonial, para ingressar plenamente na modernidade.

36 F. H. Cardoso, *Autoritarismo e democratização*, p. 177-178.
37 Ibid., p. 182-183.
38 Ibid., p. 185.

Muitos intelectuais, perseguidos pela ditadura, e que a combateram, manifestavam seu ceticismo quanto à possibilidade de romper a dominação tradicional das classes dirigentes brasileiras, para instaurar uma democracia, que incluísse as classes mais pobres no cenário político. Para isso, disseram alguns, seria necessário realizar uma revolução e a superação da luta de classes. Do lado dos liberais, alguns argumentaram que não havia exemplo na história de transição da democracia para o socialismo. Para eles, era melhor permanecer no campo democrático no lugar de arriscar um movimento que poderia acabar em tragédia. As discussões eram extremamente animadas e aconteciam nos jornais, nos debates públicos e nas universidades. Para muitos, no entanto, a hora de conciliar socialismo e democracia tinha chegado. Francisco Weffort fazia parte desse grupo. Em um pequeno livro, ele afirmava: "O sentido da luta dos revolucionários, no Brasil, está em contribuir para a criação da democracia. Vou mais longe: o sentido da revolução no Brasil é o de criar a democracia."[39] Uma democracia socialista, ele acrescentava, com uma pequena dose de otimismo, ou de esperança.

Os debates sobre a questão política no Brasil naqueles anos deviam muito ao marxismo, mesmo se o número de autores mobilizados nas discussões era significativo e ultrapassava essa linhagem teórica, o que contribuía para a riqueza das trocas de ideias. Seja como for, a questão da revolução era quase onipresente no cenário teórico e político. No universo dos conceitos oriundos do campo republicano, o tema da participação estava presente em muitos escritos, mas, em geral, estava associado à análise do papel dos trabalhadores e de suas mobilizações na esfera pública, que encontravam expressão, sobretudo, nas lutas sindicais que emergiram no final dos anos 1970. Num outro registro, conciliar igualdade e liberdade era, para muitos, um

---

39  F. Weffort, *Por que democracia?*, p. 118.

dilema quase sem solução. Essa posição refletia o debate mais amplo sobre a preferência a acordar à democracia ou ao socialismo. É nessa cena rica e às vezes sulfurosa que pouco a pouco a questão democrática voltou à tona no país.

## A filosofia pensa a democracia

No final dos anos 1970, assim como aconteceu com outras disciplinas universitárias, a filosofia já havia alcançado certo nível de maturidade. Ela tinha notadamente podido libertar-se das influências do catolicismo, que, até a década de 1950, tinha a supremacia em muitos departamentos da filosofia, mesmo nas universidades públicas. A progressiva autonomia intelectual dos filósofos brasileiros chegou a um impasse com a ditadura, que expulsou e perseguiu professores importantes, como Bento Prado Junior, José Arthur Giannotti, Gerd Bornheim, João Carlos Brum Torres e outros. Pouco a pouco, no entanto, no decorrer dos anos 1970 e 1980, os departamentos de filosofia das principais universidades puderam se recompor e voltar a participar da vida cultural e política do país. Desde aquela época, Marilena Chaui é um dos nomes mais conhecidos e influentes do cenário filosófico nacional. Em 1981, quando os debates sobre o fim da ditadura já eram numerosos no espaço público, publica "A questão democrática", um balanço das concepções de democracia influentes na época para tentar encontrar a mais adequada à situação brasileira.[40]

O texto começa com uma referência a Maurice Merleau-Ponty e sublinha que a questão democrática concerne a todos os membros de um corpo político, pois não é possível se colocar de fora dele como se fosse o objeto de alguém que detém um

40 M. Chaui, "A questão democrática".

saber autônomo.[41] A ideia de um observador neutro que sobrevoa as disputas teóricas e ideológicas e decide qual o caminho a seguir sempre pareceu estranha à autora. Após esta introdução, Marilena Chaui diz querer estudar a questão de três pontos de vista diferentes: o da sociologia, o da filosofia e o da história. Essa distinção faz todo sentido no interior das posições teóricas defendidas pela filósofa. Tal procedimento não correspondia, no entanto, ao desejo de apresentar um modelo normativo para as várias disciplinas das ciências humanas. A prova é que o debate sobre a "sociologia" começa com uma referência à obra do cientista político Joseph Schumpeter e suas concepções de democracia. Marilena Chaui se refere a ele como um autor "liberal", enfatizando o fato de que privilegia em suas análises o papel estabilizador do Estado na cena social recortada pelos diversos interesses de classe. No fundo, para ela, nesse tipo de concepção da democracia, o cidadão é, acima de tudo, um consumidor, e o propósito do regime democrático é permitir um equilíbrio das forças sociais de acordo com o modelo do mercado.

O texto continua com a análise das críticas feitas por C. B. MacPherson ao modelo "econômico" da democracia de Schumpeter e a afirmação da importância da participação na construção de uma sociedade livre. Uma democracia ancorada nos movimentos sociais tem, aos olhos de MacPherson, uma chance muito maior de conseguir criar uma sociedade na qual os cidadãos serão partes integrantes das estruturas de poder do que em uma democracia "elitista" como aquela pensada por autores como Schumpeter. Segundo Marilena Chaui, MacPherson privilegia em sua definição de democracia o caráter representativo do poder, a importância das eleições e a ideia de que se trata de uma forma de vida social, daí a importância dada ao direito, à divisão dos interesses e aos partidos políticos. Sem querer fazer

41 Ibid., p. 85.

uma crítica direta à concepção de MacPherson, a filósofa mostra que se trata também ela de uma concepção liberal do regime democrático. Para resumir suas críticas a esses autores e distanciar-se de suas posições, Marilena afirma: "A peculiaridade liberal está em tomar a democracia estritamente como um sistema político que repousa sobre os postulados institucionais que se seguem, tidos, como condições sociais da democracia."[42]

Uma vez feita a crítica, a filósofa desenvolve uma teoria que deve muito ao pensamento de Claude Lefort, que é citado repetidamente no texto. Em resumo, ela afirma, "na esfera político-institucional, uma das afirmações centrais concernentes à democracia consiste em admitir que se trata de uma forma política não só aberta aos conflitos, mas essencialmente definida pela capacidade de conviver com eles e de acolhê-los, legitimando-os pela institucionalização dos partidos e pelo mecanismo eleitoral".[43] A influência de Lefort é evidente no texto e não podemos esquecer que se trata de um filósofo cujas obras estavam começando a ser traduzidas para o português e causavam forte repercussão nos meios acadêmicos brasileiros.

Apesar disso, é preciso reconhecer que Lefort não era a única referência de Marilena Chaui, que permanecia muito próxima de certos autores marxistas quando fazia a crítica dos liberais. Dessa forma, "as condições sociais da democracia" são apresentadas como o principal problema que, segundo ela, deve ser colocado para todos aqueles que querem esclarecer a natureza do regime que lhe interessa. Não é à toa que, depois de seguidas referências às obras de Marx e Gramsci, a filósofa se lança na análise das condições que identifica como uma questão ligada ao tema do saber e de sua difusão. Marilena Chaui desenvolve a crítica do que chamava de "discursos competentes", que têm

42 Ibid., p. 88.
43 Ibid., p. 93.

por função criar uma nova esfera na qual a desigualdade se exprime por meio da posse do saber.[44] Ora, nesse quadro teórico, a filósofa não está interessada nos aspectos estritamente políticos da democracia. Ela insiste na ideia de que o conceito de alienação possibilita distanciar-se tanto de autores que afirmam a importância da liberdade – os liberais – quanto de autores que insistem na importância da igualdade – os comunistas –, para concluir que a questão da democracia diz respeito à própria natureza do poder.

As análises dos aspectos filosóficos do problema são muito instigantes à medida que a autora apresenta a diferença entre a concepção de democracia da Antiguidade, especialmente a partir das ideias de Aristóteles, e a concepção moderna da política, nascida com o trabalho de filósofos como Maquiavel, Hobbes e Montesquieu. Mais uma vez, a influência de Lefort se faz sentir nas referências a Maquiavel e à ideia de que, em uma democracia, ninguém pode se identificar diretamente com o poder.[45] Mas é Spinoza que fundamenta sua crença de que a modernidade criou um novo contexto intelectual, permitindo a emergência de uma concepção baseada na ideia de que a democracia é o regime que permite compreender, nas condições modernas, todos os outros regimes.[46] Sua preferência por Spinoza se explica, parcialmente, pelo fato de que a pensadora já era, na época, a maior especialista de sua filosofia no Brasil.

A análise de Marilena Chaui ganha toda sua amplitude quando tece suas considerações sobre a "democracia enquanto questão histórica". Nessa virada do argumento em direção ao terreno dos estudos sobre a historicidade das formas políticas, as referências a Lefort se tornam menos frequentes e a filósofa se lança

44 Ibid., p. 95.
45 Ibid., p. 99.
46 Ibid., p. 101.

na discussão sobre a relação entre democracia e socialismo. Na época, Chaui abraçava as ideias de uma parte importante da esquerda filosófica brasileira, que não levava em conta a separação entre os dois problemas. Marx e os autores da tradição marxista eram utilizados para mostrar que uma teoria da democracia era a mesma coisa que a crítica do capitalismo. Era, assim, necessário voltar para escritos como *A crítica do programa de Gotha* para entender como a crítica das proposições, entendidas por Marx como típicas de certa época das sociedades capitalistas, era o caminho para a construção de uma verdadeira democracia, que implicaria a supressão da divisão de classes.

O texto de Marilena Chaui se desenvolveu em paralelo aos trabalhos de outros pensadores brasileiros, como Hugo Amaral, que conduziam uma reflexão sobre temas como a Revolução Francesa, Hannah Arendt e a questão democrática e Cornelius Castoriadis. No Rio de Janeiro, Eduardo Jardim apresentou o pensamento de Arendt nos pilotis de um prédio da Pontifícia Universidade Católica (PUC) para alunos embevecidos com a profundidade das exposições, trazendo um vento de renovação para o pensamento político nacional. No campo do Marxismo, Leandro Konder, de volta do exílio em 1978, introduziu uma leitura criativa do pensamento alemão sobre a política em suas aulas na PUC-Rio. Mesmo considerando que esses pensadores tiveram menos influência do que Marilena, o importante é que, naquele momento, a cena filosófica brasileira se enriquecia e se abria para novas influências. Nesse horizonte intelectual renovado, os escritos da filósofa apresentam o problema da natureza da democracia entre nós, trazendo novas perspectivas para uma comunidade que fora duramente afetada pela repressão.

## Os liberais, a democracia e a Constituição

A publicação em 2007 do livro *A República inacabada*, de Raymundo Faoro, nos ajuda a compreender como um dos grandes intelectuais brasileiros da primeira metade do século xx reagiu às discussões sobre democracia iniciada a partir do final dos anos 1970, quando a possibilidade de um retorno a um regime de liberdades se tornou realidade. De certa forma, o jurista conecta dois momentos do pensamento político brasileiro que, de maneira geral, são percebidos como separados pelos eventos que contribuíram para o fim da experiência democrática, que tinha começado com o final da Segunda Guerra Mundial.[47]

"Assembleia Constituinte: a legitimidade resgatada", texto originalmente publicado em 1981, defendia a convocação de uma Assembleia Constituinte, que deveria colocar fim à ditadura e ao arbítrio. Se o texto está ligado à conjuntura, nem por isso se reduz a ela. Ao contrário, o autor expõe de maneira clara e precisa os principais elementos de sua teoria constitucional. Partindo da difícil questão sobre a natureza de uma constituição democrática, Faoro se confronta com a tarefa de definir conceitos tão importantes quanto os de poder, de força e de violência. No texto, demonstra sua capacidade em servir-se com a mesma facilidade da obra de Hannah Arendt e de mergulhar no exame das especificidades da história brasileira. Nessa época, a obra da filósofa alemã ainda era pouco conhecida no Brasil e só havia sido difundida graças ao esforço de intelectuais como o próprio Faoro, Celso Lafer, e, ainda, dos filósofos Eduardo Jardim e Hugo Amaral. Em outro registro, a confrontação com o pensamento de autores como Hans Kelsen e Carl Schmitt ajudou Faoro

---

47 Durante a década de 1980, muitos intelectuais que tiveram uma participação no cenário público ressurgiram tomando como tema a democracia. Ver, a esse respeito, H. Jaguaribe et al., *Brasil, sociedade democrática*.

a traçar seu próprio caminho no debate contemporâneo sobre a democracia. Sem negar a importância da abordagem de Kelsen e sem deixar de estar atento aos perigos de certos pontos de vista defendidos por Schmitt, ele assume a prevalência da legitimidade sobre a legalidade tal como era pensada pelos juristas positivistas. "A legitimidade não se dilui na legalidade: este é o ponto de Arquimedes do estado de direito qualificado, autenticamente democrático", afirmava o autor.[48]

A alusão no texto à "democracia autêntica" esclarece o sentido da associação que é feita entre o pensamento de Faoro e a tradição liberal. Em seus escritos, ele fala frequentemente de liberalismo, mas, na maioria das vezes, para assinalar sua ausência da cena política e teórica brasileira. É verdade que Faoro nem sempre esclarece sua posição sobre os temas associados ao liberalismo. Isso não ocorre tanto pela falta de conhecimento de tais princípios, mas sim pelo fato de que eles o interessam somente à medida que constituem referências para fundamentar suas convicções democráticas. Na época, sua principal preocupação era a possibilidade de se encerrar o período da ditadura a partir da adoção de uma nova Constituição e não por meio de uma revolução. É nesse sentido que Faoro faz parte da tradição liberal, ainda que no Brasil ele fosse visto por vezes como uma figura isolada dentro de uma comunidade intelectual dividida entre o marxismo e os herdeiros do pensamento conservador de inspiração autoritária.

Raymundo Faoro acreditava que uma Constituição era fruto de uma história que, para alcançar seus fins, deveria ser capaz de construir uma ordem política voluntária e consentida. Enquanto instituição humana, a Constituição está sempre sujeita a mudanças, o que não significa que o texto constitucional possa ser mudado ao bel-prazer dos detentores do poder, como tem sido o caso em muitos momentos da história constitucional brasileira.

---

48  R. Faoro, *A República inacabada*, p. 194.

Modificada pela vontade de uma maioria no poder, ainda que legalmente, a Constituição perde suas raízes. Em uma fórmula muito bem-sucedida, ele afirma que "o poder vem do alto, do componente minoritário da sociedade, enquanto a legitimidade vem de baixo, como reconhecimento em torno de valores".[49]

Diferentes livros clássicos da sociologia brasileira, escritos antes do golpe civil-militar de 1964, já haviam apontado para o fato de que a história brasileira havia sido marcada pela luta implacável por parte das elites econômicas e políticas pela tomada do poder e pela exclusão quase total das camadas populares da cena pública. O próprio Faoro mostrou, em *Os donos do poder*,[50] que o poder político esteve, ao longo da história brasileira, quase exclusivamente nas mãos de grupos sociais que, agindo acima da sociedade, tinham criado suas próprias regras de ocupação e transmissão de poder. O corolário desse sistema de mando é a participação reduzida ou mesmo nula das camadas populares na vida política.[51]

É por isso que Faoro insistiu na importância da participação popular no momento em que o país se preparava para redigir uma nova Constituição. Para ele, a democracia não podia ser entendida como uma simples aplicação dos preceitos do liberalismo econômico. Após um longo período autoritário, a questão das raízes do poder popular deveria ser levada em conta no momento de fundação de uma nova República democrática. Sua principal preocupação não estava nos aspectos técnicos próprios a um debate sobre a criação de uma Assembleia Constituinte, embora, como jurista, também se preocupasse com questões processuais. O que ele percebia era que o principal desafio para a criação de um regime democrático era de ordem política e não somente jurídica.

---

49 Ibid., p. 190.
50 R. Faoro, *Os donos do poder: formação do patronato político brasileiro*, p. 819-838.
51 J. M. de Carvalho, *Cidadania no Brasil: o longo caminho*, p. 83.

Com a Constituição de 1988, vários direitos políticos e civis começaram a fazer parte da vida cotidiana dos brasileiros, ao mesmo tempo que novos direitos sociais eram progressivamente garantidos. Tais mudanças contribuíram para alterar a habitual fragilidade da participação popular na vida política, que tinha sido característica da história brasileira.[52] Com a promulgação da nova Carta Magna, associações civis de tendências diversas se multiplicaram no país, dando origem a uma nova forma de integração dos cidadãos brasileiros às diferentes instâncias da vida pública. A questão democrática se tornou parte integrante da vida política do país por caminhos diferentes dos do passado. Faoro inegavelmente contribuiu para essa mudança tanto por sua ação política quanto por sua contribuição ao pensamento político brasileiro.

## As ciências sociais pensam a democracia

Tomando 1980 como referência, constatamos que a reflexão conduzida por cientistas políticos, filósofos, historiadores e sociólogos brasileiros a respeito da questão da democracia mudou de maneira radical em relação àquela dos anos anteriores. O lado "individualista" das pesquisas tinha desaparecido, a ligação íntima entre o combate ideológico e a análise do país tinha dado lugar a uma atitude mais "neutra", em que as interpretações tradicionais foram, aos poucos, sendo deixadas de lado. Em uma palavra: as ciências sociais tomaram um novo rumo quando passaram a constituir-se enquanto disciplinas autônomas em sintonia com o que se fazia nas principais universidades europeias e, sobretudo, americanas. A mudança de rumo deveu muito ao fato de que os professores como José Murilo de Carvalho, Wanderley Guilherme dos Santos e Olavo Brasil, ao regressarem dos

52  Ibid., p. 199-217.

Estados Unidos, influenciaram as novas gerações com a implantação das novas metodologias de pesquisa, mas também escolhendo temas que não eram mais dominados pela problemática da originalidade da formação social brasileira, abordagem que havia fascinado os intérpretes do Brasil. Tampouco a nova geração de intelectuais era influenciada pela oposição entre modernidade e "atraso social", que fascinara os sociólogos nos anos anteriores ao golpe de Estado civil-militar.

Para entender esse processo de mudança e inovação, é preciso prestar atenção em dois acontecimentos. O primeiro foi o fato de que, paradoxalmente, o governo ditatorial pós-1964 não impediu o estabelecimento de um sistema de pós-graduação, que transformou profundamente as universidades brasileiras. A partir de então, o país passou a contar com uma comunidade de pesquisadores que mantinha contato com a comunidade científica internacional, ainda que, nos anos 1970, essa comunidade fosse restrita e se limitasse a um pequeno número de professores concentrados em São Paulo, especialmente na Universidade de São Paulo (USP); no Rio de Janeiro, onde a criação do Iuperj contribuiu para produzir uma nova referência para a pesquisa em ciências sociais; na Universidade Federal de Minas Gerais (UFMG), onde os debates liderados por Fábio Wanderley Reis sobre a escola americana de sociologia, conhecida como *rational choice*, que privilegia em determinados contextos a análise das decisões dos indivíduos como atos comandados por escolhas racionais em consonância com seus interesses, tiveram um impacto considerável na formação dos cientistas políticos. Processos semelhantes ocorreram também nas universidades federais em Porto Alegre (UFRGS), em Salvador (UFBA) e no Recife (UFPE).[53]

53  Sobre essa questão ver L. W. Vianna, "A institucionalização das ciências sociais e a reforma social: do pensamento social à agenda americana de pesquisa"; M. A. R. de Carvalho, "Algumas notas sobre a institucionali-

O segundo aspecto é que parte da nova geração de cientistas sociais queria ser reconhecida em razão de seu mérito acadêmico e não por sua influência no cenário político. Convém, no entanto, não exagerar a importância deste fenômeno, porque, como observou Werneck Vianna, o desenvolvimento da sociologia no Brasil não data dos anos 1960 e não pode ser associado apenas a um grupo, seja de influência francesa ou americana. O importante, segundo ele, é que antes do golpe civil-militar, mesmo com as diferenças que separavam a sociologia praticada em São Paulo da praticada no Rio de Janeiro, ambas tinham a pretensão de participar da vida pública e de influenciar nas reformas sociais.[54] Depois de 1964, a ditadura impôs restrições, expulsou professores, estabeleceu a censura, mas o regime não foi capaz de criar nas universidades um polo ideológico que lhe fosse favorável. Por isso, as ciências sociais puderam sobreviver, mesmo em meio às perseguições sofridas. Desse contexto nasceu um paradoxo, uma vez que as ciências sociais se institucionalizaram justamente "no regime militar, que, de resto, era indiferente, quando não inteiramente hostil, à sua produção".[55]

No início dos anos 1980, obras escritas no decorrer da década anterior por autores como José Murilo de Carvalho,[56] Francisco de Oliveira[57] e Florestan Fernandes[58] ofereceram um balanço instigante do processo de construção da sociedade brasileira. Segundo Werneck Vianna, muitos dos trabalhos dos anos 1970 convergiam para a tese segundo a qual, no Brasil, a chamada revolução burguesa havia aproximado as elites tradicionais das

---

zação universitária da reflexão política no Brasil"; M. A. R. de Carvalho; M. P. C. Melo, "Cientistas sociais e vida pública".

54 L. W. Vianna, op. cit., p. 198.

55 Ibid., p. 202.

56 J. M. de Carvalho, *A construção da ordem*.

57 F. de Oliveira, *Crítica à razão dualista*.

58 F. Fernandes, *A revolução burguesa no Brasil*.

modernas, o que foi decisivo para o perfil que assumiria o processo de modernização do país.[59] Embora a ênfase dada à questão da "revolução burguesa" mascarasse um pouco o sentido dos debates em curso no Brasil naquele momento, essa referência ajuda-nos a entender as referências teóricas que balizavam as discussões sobre a natureza da democracia em muitas universidades e centros acadêmicos. A forte presença do marxismo na cena universitária, mesmo num contexto de perseguição, com frequência fazia com que a questão democrática fosse abordada a partir das categorias marxistas, tendo no horizonte uma visão da história como processo universal e teleológico.

Um bom exemplo do que acaba de ser dito está em um texto de Carlos Nelson Coutinho publicado em 1979, no qual analisa a democracia a partir de conceitos de Gramsci.[60] O texto teve o mérito de introduzir o problema à distância das concepções defendidas pelos partidos comunistas brasileiros (o PCB e o PC do B, notadamente), que consideravam a democracia representativa uma forma de dominação burguesa acima das classes populares. Coutinho queria mostrar, em primeiro lugar, que socialismo e democracia estiveram em sintonia desde o surgimento do pensamento socialista no século XIX e que, nas condições históricas em que vivia, "a renovação democrática do conjunto da vida nacional – enquanto elemento indispensável para a criação dos pressupostos do socialismo – não pode ser encarada apenas como objetivo tático imediato, mas aparece como o conteúdo estratégico da etapa atual da revolução brasileira".[61] Ao defender a criação de uma democracia socialista, Coutinho fazia valer seu vínculo com a tradição do marxismo italiano, que ele conhecera durante seu exílio. Ao lado de Luiz Werneck Vianna, ele ajudou a

---

59 Ibid., p. 204.
60 C. N. Coutinho, "A democracia como valor universal".
61 Ibid., p. 35

orientar os debates sobre democracia no seio da esquerda marxista para temas que não faziam parte do repertório tradicional dos intelectuais brasileiros. Ao escrever que "a ideia dessa articulação entre democracia representativa e democracia direta já faz parte do patrimônio teórico do marxismo",[62] abriu o caminho para pesquisas que seriam conduzidas anos mais tarde por pensadores como Juarez Guimarães.[63]

A contribuição mais importante de Coutinho foi, no entanto, a afirmação de que a democracia, pelo menos na forma "socialista", como ele a pensava, podia ser um importante instrumento para que as classes populares brasileiras pudessem enfrentar a dominação histórica das elites, que sempre souberam se servir dos mecanismos do modelo que qualificava como autoritarismo "prussiano" para manter o país sob seu controle. Ele afirmava que somente quando parcelas importantes das massas populares passassem a participar da vida política o veneno da via prussiana seria neutralizado.[64] Para ele, a sociedade civil era o lugar da afirmação de uma nova cidadania e, ao mesmo tempo, uma maneira de fazer a esquerda se distanciar da concepção autoritária do processo de transformação social.[65] Coutinho não abandonava inteiramente os preconceitos contra a representação política, mas pregava a aliança com posições como as de Raymundo Faoro em favor de uma Assembleia Constituinte, para que, num segundo momento, as classes populares pudessem fundar uma sociedade socialista democrática.[66] Dessa maneira, contribuiu para mudar o rumo do debate brasileiro sobre democracia no interior do grupo dos pensadores políticos da esquerda marxista.

62  Ibid., p. 38.
63  J. Guimarães, *Democracia e marxismo*.
64  C. N. Coutinho, op. cit., p. 43.
65  Ibid., p. 45.
66  Ibid., p. 46.

No decorrer dos anos de 1990, esse caminho seria trilhado por um número importante de pesquisadores. Com a afirmação dos valores democráticos circulando cada vez mais no meio da população, as discussões seguiram outro caminho, sem abandonar os acentos críticos próprios aos intelectuais marcados pela herança marxista. Um bom exemplo se acha no grupo que se reuniu em torno do sociólogo Francisco de Oliveira. Esses intelectuais, que em sua maioria já eram ativos no cenário político brasileiro nas décadas anteriores, fizeram da crítica ao "neoliberalismo", e a seus aspectos mais regressivos, o eixo de suas reflexões nos anos posteriores à promulgação da Constituição em 1988.[67]

Voltando ao ambiente das universidades, Renato Lessa mostrou em trabalhos dos anos 2000 que, ao lado de intelectuais que prolongaram a tradição sociológica anterior aos anos 1970, surgiu no cenário universitário nos anos 1990 toda uma geração que tinha por referência teórica a sociologia americana e fazia do debate metodológico um dos aspectos centrais dessa atividade acadêmica.[68] Uma nova preocupação com uma pesquisa mais empírica sobre democracia tomou corpo naqueles anos.[69] Uma nova agenda de investigação, aos poucos, dominou parte considerável das ciências sociais brasileiras. Lessa resumiu assim essa virada: "A atenção aos processos de democratização, e seus requisitos, dá progressivamente passagem para a análise das instituições, percebidas como de consideração compulsória para avaliar o modus operandi da própria democracia."[70] Partindo dos trabalhos de Olavo Brasil sobre os partidos políticos

---

67 F. de Oliveira; M. C. Paoli (orgs.), *Os sentidos da democracia: políticas do dissenso e hegemonia global*.

68 R. Lessa, "Da interpretação à ciência: por uma história filosófica do conhecimento político no Brasil".

69 Ibid., p. 47

70 Ibid., p. 48.

brasileiros, muitos cientistas políticos abandonaram a questão dos processos de transformação da sociedade brasileira para lidar com o funcionamento das instituições democráticas. Como Lessa destaca: "De uma vaga crença na democracia como valor universal, parte-se agora da sua afirmação como fato universalizável."[71] Parodiando Hegel, o intérprete conclui sua análise com um gracejo quando diz que, para esses pensadores, "todo real é institucional – ou oficial".[72] A questão democrática torna-se uma questão de ciência. Em texto publicado alguns anos mais tarde, Fábio Wanderley resumiria a maneira como uma parte importante dos pesquisadores brasileiros abordava a questão da democracia lembrando que o problema devia ser analisado a partir do debate sobre as condições de construção de um Estado neutro, do funcionamento de suas instituições e não a partir de considerações abstratas sobre a natureza dos regimes políticos.[73]

Essa visão crítica do desenvolvimento de certos ramos das ciências sociais no Brasil pode obscurecer o fato de que estudos sobre a natureza da democracia, sobre o significado da República (como veremos mais adiante), e sobre a história política brasileira se multiplicaram e permitiram construir um quadro diversificado de pesquisas. Ele comportava análises quantitativas dos fenômenos sociais presentes nos estudos de Jairo Nicolau sobre o processo eleitoral brasileiro,[74] investigações sobre a natureza da participação política das diversas camadas da população, como os estudos de Leonardo Avritzer,[75] estudos baseados nas teorias da *rational choice* feitos por cientistas reputados como Fábio

71  Ibid., p. 48.
72  Ibid., p. 49.
73  F. W. Reis, "*Huit clos* no Chile e ciência política no Brasil".
74  J. Nicolau, *Dados eleitorais do Brasil (1982-1996)*.
75  L. Avritzer, *Democracy and the public space in Latin America*.

Wanderley,[76] ou ainda esforços de autores como Luiz Werneck Vianna e Juarez Guimarães,[77] que contribuíram para manter vivo o trabalho sobre as questões levantadas pelos intérpretes do Brasil. Nessa direção, é preciso mencionar o livro *Lembranças do Brasil*, de Heloisa Starling, que nessa época produziu uma reflexão original sobre a vida política do país utilizando-se de fontes tão diversas quanto a literatura, a história, a sociologia e a filosofia política. O resultado é uma síntese das discussões ocorridas em várias universidades e um passo à frente, na medida em que o livro introduziu novas problemáticas no cenário intelectual do país, como foi o caso de seu debate sobre a questão da identidade brasileira à luz do pensamento de Hannah Arendt.[78]

Data também desse período uma das iniciativas mais interessantes no campo da cultura e do debate intelectual: os ciclos de palestras produzidos por Adauto Novaes. Inicialmente organizados pela Fundação Nacional de Arte (Funarte) e, depois, pela própria produtora de Adauto, Artepensamento, os seminários, que ocorrem há mais de trinta anos em várias cidades do país, são vertidos em livros que sempre trouxeram para a cena intelectual brasileira temas inovadores como a crise do Estado-nação, o fim da política, a violência e seus desdobramentos, ampliando as fronteiras do conhecimento. Operando numa franja que une o saber produzido nas universidades de vários países com questões candentes da cena intelectual mundial, Adauto Novaes tem dado uma contribuição de valor inestimável para o pensamento brasileiro.[79]

---

76 F. W. Reis, *Política e racionalidade: problemas de teoria e método de uma sociologia crítica da política.*

77 J. Guimarães (org.), *Raymundo Faoro e o Brasil.*

78 H. M. Starling, *Lembranças do Brasil: teoria, política, história e ficção em Grande sertão: veredas.*

79 É possível ter acesso a uma boa parte dos ensaios publicados por Adauto Novaes nos anos 1990 no site: <www.artepensamento.com.br>. Dentre

\* \* \*

Com o fim do governo ditatorial, em 1985, e com a adoção de uma nova constituição em 1988, o Brasil inaugurou uma nova experiência democrática: a Terceira República. Se os anos 1990 foram de esperança, também foram de grandes contradições. O novo regime de liberdades se recusou a aceitar qualquer questionamento sobre seu passado recente, evitando rediscutir a lei de anistia de 1979 e deixando de implementar uma "justiça de transição", adotada por países como a Argentina, que enfrentou as feridas do passado e julgou e condenou militares e agentes da repressão política. Com isso, muitos crimes da ditadura permaneceram impunes até hoje.

Neste início dos anos 1990, o recurso a pensadores contemporâneos se multiplicou nos ambientes de debates. Ideias de Jürgen Habermas, Karl Otto Appel, Robert Dahl, Claude Lefort foram debatidas nos meios acadêmicos, contribuindo para enriquecer a discussão que, dali em diante, teve um horizonte de referências muito diferente do das décadas anteriores. Terminada a ditadura, era preciso ancorar o novo experimento democrático em bases sólidas. Mesmo se muitos intelectuais procurassem compreender suas atividades como práticas distantes das posturas de intervenção direta na realidade política, o que havia caracterizado os intelectuais brasileiros até então, a verdade é que a comunidade acadêmica continuou a participar da cena pública de um jeito ou de outro. O importante, para os propósitos deste texto, é assinalar que o quadro de referências teóricas foi ampliado, contribuindo para o surgimento de novas perspectivas sobre a democracia.

os muitos livros organizados por Adauto cabe mencionar: A. Novaes (org.), *O esquecimento da Política*; *O silêncio dos intelectuais*; *A crise da razão*; *Mutações: ensaios sobre as novas configurações do mundo*.

## A democracia vista pelo "republicanismo"

A recepção de escritos da chamada tradição republicana pelo pensamento político brasileiro abriu um novo caminho para se pensar a democracia a partir do fim dos anos 1990. Como em outros países, o interesse pelo republicanismo foi impulsionado pelo estudo de fontes medievais e do Renascimento italiano e também pelo contato com discussões que aconteciam nas grandes universidades europeias e americanas. Nesse contexto, a difusão dos trabalhos de Quentin Skinner, J. G. A. Pocock, Maurizio Viroli, seguida pela referência, às vezes indireta, às pesquisas de Hans Baron e Eugenio Garin desempenharam um papel essencial, mesmo que ainda estivéssemos longe da repercussão que esses trabalhos tiveram em um país como a Inglaterra.

Já no início do século XXI, livros e revistas sobre o assunto começaram a aparecer no Brasil. A revista *Lua Nova*, ligada ao Centro de Estudos de Cultura Contemporânea (Cedec), de São Paulo, publicou um número dedicado à questão da República no qual influências de historiadores como Pocock se cruzaram com o pensamento do filósofo Michael Walzer e referências a autores clássicos como Rousseau, para oferecer um rico panorama da recepção das ideias republicanas entre nós.[80] No mesmo ano 2000, um grupo de intelectuais publicou o livro *Pensar a República*, em que a questão republicana era discutida em sintonia com debates internacionais, mas também com problemas políticos brasileiros. Não se tratava de uma profissão de fé republicana. Muitos dos participantes da edição não se sentiam identificados com essa tradição de pensamento, mas desejavam retomar os debates sobre os sistemas políticos, os valores, a participação e a identidade política, colocando no centro da discussão um conjunto de conceitos até então pouco mobilizado nos

---

80 *Lua Nova*, 2000.

debates brasileiros.[81] No decorrer dos anos seguintes, um conjunto de publicações trouxe ao mundo acadêmico uma série de autores e de questões inovadoras em relação ao passado recente das ciências sociais e políticas no Brasil.[82]

Nesse sentido, três temas ganharam grande importância. Em primeiro lugar, a discussão em torno do que Hannah Arendt chamava de "vida ativa". Nos estudos sobre o humanismo da Renascença, a passagem do paradigma medieval da contemplação ao elogio da vida ativa foi uma questão central. Embora presente entre nós, era um tema desenvolvido por um número restrito de pesquisadores. Sua importância cresceu pelo fato de que o estudo da concepção humanista da vida ativa ajudou a esclarecer certos aspectos da análise de Arendt sobre o desaparecimento da esfera pública na contemporaneidade. Ora, o pensamento de Arendt conheceu no Brasil um grande sucesso no decorrer das últimas décadas, que é testemunhado pelo número de publicações que lhe foram dedicados. O elogio da política criou um campo fértil de pesquisa capaz de vincular os estudos de sua obra aos da tradição republicana encarnada pelo humanismo cívico.[83] Por essa via, o debate sobre o humanismo italiano deixou de ser feito por eruditos e historiadores das ideias para se transformar em um tema central das reflexões sobre a questão democrática.

Em particular, essa associação abriu espaço para uma nova reflexão sobre o problema da participação nos negócios públicos.

---

81 N. Bignotto (org.), *Pensar a República*. Participaram: Sérgio Cardoso, Marcelo Jasmin, Olgária Matos, José Murilo de Carvalho, Luiz Werneck Vianna, Maria Alice Rezende de Carvalho, Heloisa Starling, Wander Melo Miranda, Renato Janine Ribeiro e Newton Bignotto.

82 S. Cardoso, *Retorno ao republicanismo*.

83 Esse termo está associado aos trabalhos de Hans Baron, mas conheceu um grande desenvolvimento nas últimas décadas. J. Hankins (org.), *Renaissance Civic Humanism*.

Como já visto, ao longo da história republicana brasileira a ausência das camadas populares e mesmo médias na cena política sempre foi um sinal da anemia de nossa esfera pública. Sem deixar de lado o que aprendemos com historiadores e cientistas sociais sobre o problema da participação, é certo que a referência ao republicanismo permitiu o surgimento de uma abordagem inovadora da relação íntima que liga a democracia à presença na vida pública de extratos amplos da população. Essa participação, na ótica arendtiana não deve se restringir aos procedimentos mais ou menos passivos que costumam caracterizar o aparato institucional de um estado de direito. Por este viés, a ideia de presença pública inclui organismo da sociedade civil, mas também indivíduos motivados na luta pela condução dos negócios públicos em toda sua extensão. Dessa maneira, rompe-se com a ideia de que a democracia contemporânea pode se contentar com a existência de cidadãos passivos respeitosos das regras do jogo, para se exigir uma cidadania ativa, ela mesma criadora dos mecanismos e dos caminhos que asseguram a vigência dos princípios republicanos na cena pública.

A segunda questão que atraiu a atenção de pesquisadores foi a do papel dos conflitos na constituição das sociedades democráticas.[84] Nesse caso, a referência principal foi o pensamento de Maquiavel. Teses e livros lhe foram dedicados nesses últimos tempos. Merece destaque o livro de Helton Adverse sobre o papel da retórica nos escritos do secretário florentino.[85] Nele, o autor faz uma investigação arguta dos principais assuntos

---

84 Há no Brasil um debate muito interessante sobre a questão do conflito. Ver H. Adverse, "Maquiavel, a República e o desejo de liberdade"; J. L. Ames, "Liberdade e conflito: o confronto dos desejos como fundamento da ideia de liberdade em Maquiavel"; S. Cardoso, "Em direção ao núcleo da obra Maquiavel: sobre a divisão civil e suas interpretações".

85 H. Adverse, *Maquiavel: política e retórica*.

referentes às obras fundamentais de Maquiavel e abre a via para se compreender a diferença que separa a concepção liberal de democracia da concepção republicana. Na primeira, toda a atenção deve estar voltada para o funcionamento das instituições e para os mecanismos que produzem consensos, ainda que parciais, que estão na origem das decisões coletivas. Para os liberais, a retórica é uma presença indesejável na arena pública, pois contribui, no mais das vezes, para obscurecer o debate público, sem introduzir maior racionalidade no funcionamento cotidiano da sociedade. Segundo Adverse, no entanto, a retórica não é um elemento estrangeiro à política tal como pensam os liberais, mas uma de suas peças-chave. Na medida em que não se pode excluir os conflitos da cena política, é preciso alargar a compreensão de sua natureza, para fugir dos impasses criados por teorias que não conseguem abordar as dificuldades de implantação da democracia em contextos como o nosso sem recorrer ao paradigma da "falta".

O interesse de vários filósofos pelos escritos de Maquiavel, os *Discursos sobre a primeira década de Tito Lívio* em particular, mostra que o eixo das pesquisas deslocou-se para o lado do republicanismo, em oposição aos estudos levados a cabo por cientistas políticos que, no Brasil, sempre privilegiaram a análise do funcionamento do poder, tal qual Maquiavel o descreve em *O príncipe*. Nesse campo, o trabalho de Claude Lefort influenciou um número grande de pesquisadores brasileiros desde o início dos anos 1980, quando o debate sobre a democracia teve um novo impulso, como mostrado.[86]

O terceiro campo, no qual se desenvolveram as pesquisas no Brasil sobre a tradição republicana, foi o da criação dos corpos políticos. Para humanistas como Leonardo Bruni – conforme lembrado no primeiro capítulo –, o momento da criação dos

---

86 C. Lefort, *Le travail de l'œuvre Machiavel.*

corpos políticos é por excelência o da constituição de sua identidade. Descobrir, como fizeram os chanceleres da República Florentina, a história da cidade, revelar suas principais características, correspondia, para eles, a entender os meandros de um organismo cujas origens se perderam no tempo, mas cujos desenvolvimentos influenciaram toda a história posterior. As pesquisas sobre o problema das origens das cidades mais uma vez ocuparam apenas um número restrito de pesquisadores, mas abriram um campo de pesquisa muito fecundo, ligando história política brasileira à tradição filosófica republicana. A pergunta que se colocou para alguns pensadores brasileiros foi como interpretar o surgimento de uma etapa na vida democrática no país para além dos paradigmas das ciências sociais americanas e das filosofias da revolução socialista, tal como existiram no interior das obras de alguns pensadores marxistas brasileiros.

É fato que os estudos sobre o republicanismo tiveram muito a ganhar no Brasil ao fazer a aproximação entre a tradição do humanismo cívico e a do republicanismo-democrático francês. Nesse cenário, o pensamento de Rousseau foi o instrumento escolhido para realizar a tarefa de avalição do significado da implantação de uma nova República na modernidade. Não se tratava, naturalmente, de começar a estudar esse autor presente nos debates filosóficos desde os escritos de Bento Prado Júnior, Salinas Fortes, Maria das Graças Souza, Milton Meira Nascimento e outros. O que quero mostrar é que o problema da identidade do corpo político permitiu vincular as duas tradições às questões de atualidade do pensamento político, em particular, às questões ligadas aos temas da autonomia e da identidade nacional.

Para entender esta afirmação, é preciso lembrar que, como já assinalado, para Richard Morse, muitos países latino-americanos estavam, no decorrer do século xix, na posição de ter de gerir sua independência num quadro institucional, mas, sobretudo, teórico, caótico.[87] Podemos resumir, a partir de Morse, a situação política desses países, identificando seus três maiores problemas: 1) a ausência de um poder soberano legítimo; 2) a inexistência da articulação entre os diversos estratos sociais; 3) a dificuldade de criar identidades nacionais capazes de conferir unidade aos novos corpos políticos. É dentro desse quadro complexo que as teorias de Rousseau sobre o legislador desempenharam um papel decisivo na história política do continente. No México, em particular, Rousseau foi o autor mais lido nos anos que precederam a independência, em 1821.[88] Sua teoria sobre o legislador e as condições necessárias para a criação de um novo corpo político esteve no centro dos debates, por vezes mordazes, que ocorreram em muitas cidades a respeito da natureza da constituição a ser aprovada. Segundo Morse, suas ideias foram esquecidas depois, mas, seja como for, deixaram uma marca no processo de formação da nacionalidade.

No Brasil, as coisas não aconteceram da mesma maneira, embora Rousseau tenha sido muito apreciado pelos inconfidentes, que tentaram preparar o movimento de separação de Portugal. Quando a independência chegou, em 1822, ela foi marcada pela continuidade das instituições políticas ibéricas e não pela ruptura com o Antigo Regime, o que poderia ter sido um terreno propício para a recepção das ideias de Rousseau. Da mesma forma, a passagem da monarquia para a República, no fim do século XIX, iniciou um processo que punha em causa a base constitucional do país, mas também suas referências simbólicas. Como mostrou José Murilo de Carvalho, a questão simbólica desempenhou um papel muito importante no momento da criação do Brasil republicano, tanto que a discussão sobre a identidade do país – os debates sobre os fundamentos da nacionalidade –,

---

87  R. Morse, op. cit.

88  Ibid., p. 93-94.

por vezes, ganharam tal amplitude que as ligações entre a constituição das leis e os aspectos simbólicos e imaginários do corpo político foram deixadas de lado em favor de um debate sobre aspectos particulares da história brasileira, a saber, os elementos culturais pensados como cimento da nossa unidade como nação.[89] Nesse momento, as ideias de Auguste Comte tiveram um papel mais importante do que as de Rousseau.

É preciso levar em conta esse quadro para entendermos de que maneira o resgate da tradição republicana, em sua versão francesa, pôde se constituir, no começo do século XXI, em ferramenta conceitual adequada para fazer a ponte entre, de um lado, as pesquisas sobre o republicanismo e sua história e, de outro, a tradição brasileira de reflexão sobre a natureza dos corpos políticos. Dizendo de outra forma, o movimento mencionado forneceu uma nova paleta conceitual a partir da qual a questão da democracia brasileira pôde ser reavaliada. Primeiramente, o tema da participação começou a ser analisado em uma nova chave. A principal mudança veio de sua incorporação num debate até então fortemente marcado pelas ideias de Habermas sobre a noção de esfera pública. Um segundo ponto interessante foram os debates em torno do conceito de virtude cívica e de suas formas contemporâneas. Nesta área, as leituras de Arendt mais uma vez foram fundamentais. No que diz respeito ao papel do conflito, a incorporação das noções maquiavélicas de divisão do corpo político associadas às pesquisas de Lefort foi decisiva para pensar o caráter conflituoso das democracias para além da chave proposta por pensadores institucionalistas inspirados pelas ideias dos trabalhos clássicos de Thorstein Veblen. No tocante ao debate sobre a ideia da liberdade, o republicanismo permitiu deixar de lado o paradigma liberal, que pensa a liberdade como ausência de constrangimento, para investigar

89  J. M. de Carvalho, *A formação das almas*.

o conceito como parte de uma teoria política que coloca em seu centro a participação na cena pública como determinante do caráter democrático de uma sociedade.

Em estudos recentes, estive bastante próximo da tradição republicana e de suas diversas matrizes para levar a cabo minhas investigações sobre as ideias democráticas no Brasil contemporâneo. Parece-me que este recurso se mostrou frutífero.[90] Além disso, o retorno ao republicanismo estimulou uma série de trabalhos importantes nos quais a natureza da democracia foi um ponto essencial. No campo da história cultural, Heloisa Starling realizou estudos que mostraram que o uso da cultura popular associado ao aparato conceitual que nos guia pode se mostrar fecundo para pensar também nossa história política.[91] Na área da pesquisa conceitual, obras como as de Carlos Antônio Leite Brandão,[92] Sérgio Cardoso,[93] Cícero Araújo,[94] Alberto Ribeiro de Barros[95] e outros[96] mostraram até que ponto o republicanismo é uma fonte valiosa para alimentar o debate sobre o regime democrático de ontem e de hoje.

90 N. Bignotto (org.), *Matrizes do republicanismo.*

91 H. M. Starling; B. Cavalcante; J. Eisenberg (orgs.), *Decantando a República: inventário histórico e político da canção popular moderna brasileira.*

92 C. A. L. Brandão, *Arquitetura, humanismo e República: a atualidade de Leon Battista Alberti.*

93 S. Cardoso, *Paradigmas republicanos: figuras greco-romanas do regime misto e a ruptura maquiaveliana.*

94 C. Araújo, *A forma da República: da constituição mista ao Estado.*

95 A. R. de Barros, *Republicanismo inglês: uma teoria da liberdade; Republicanismo inglês: Sidney e semântica da liberdade.*

96 Entre os novos pesquisadores podemos citar: G. Pancera, *Maquiavel entre Repúblicas; F.* Magalhães, *O discurso humanista de Erasmo de Rotterdam: uma retórica da interioridade;* L. Falcão, *Maquiavel, Montesquieu e Madison: uma tradição republicana em duas perspectivas.*

\* \* \*

Nesse sentido, os estudos pioneiros do historiador Marcelo Jasmin sobre Tocqueville tiveram papel fundamental.[97] Embora ele não estivesse preocupado com questões ligadas à tradição republicana naquele momento, ao retornar ao pensamento de um dos autores que contribuiu para alargar a compreensão da democracia na contemporaneidade, Jasmin acabou realizando uma ponte entre duas tradições de pensamento que, no Brasil, sempre andaram apartadas, sobretudo em seu livro *Alexis de Tocqueville: a historiografia como ciência da política*. Do filósofo francês, ele trouxe a crítica ao despotismo, mas também a noção de "interesse bem compreendido". Com isso, Marcelo Jasmin foi capaz de aproximar o leitor brasileiro da compreensão de um tema clássico do republicanismo, o do interesse comum. A formulação moderna da questão do interesse a torna mais compreensível quando pensada a partir da referência das sociedades de massa em formação no século XIX. Da mesma maneira, ao colocar no centro de suas investigações o problema da história, distante das filosofias da história de inspiração hegeliana-marxista que eram dominantes no cenário intelectual brasileiro, Jasmin abriu a via para a compreensão da apropriação que fora feita do pensamento de Tocqueville por autores como Claude Lefort e Hannah Arendt.

Mais diretamente ligado ao republicanismo clássico, Sérgio Cardoso realizou um trabalho de grande força especulativa, comandado pela exegese de autores como Aristóteles, Cícero e Maquiavel e pelo interesse a respeito do funcionamento das sociedades contemporâneas. O que define sua abordagem é a constante conexão que estabelece entre o passado e o presente, operação que conduz por meio de um mergulho interpretativo

---

97 M. Jasmin, *Alexis de Tocqueville: a historiografia como ciência da política.*

rigoroso no tecido dos textos. Sergio, por exemplo, interroga Aristóteles sobre nosso tempo. Ao enfatizar a importância da distinção entre ricos e pobres, reflexão presente na obra do pensador grego, ele anuncia uma compreensão renovada de nossa época. Se Aristóteles é nosso contemporâneo, é porque, ao indicar a separação entre ricos e pobres como elemento central da compreensão da natureza da cidade, ele pensa a difícil questão da natureza da política e dos fundamentos do político. A separação proposta pelo pensador grego nos ajuda a elucidar nossa realidade, na medida em que repousa sobre uma distinção de caráter social que atravessa os tempos.

Se numerosos autores buscaram compreender os mecanismos do surgimento da desigualdade entre os homens, Jean-Jacques Rousseau em especial, Sérgio, fascinado pela antropologia, está consciente de que esse problema pode ser abordado em vários níveis. O primeiro, mais imediato, faz referência ao papel que a questão das desigualdades sociais desempenha na trajetória das sociedades em busca da democracia. Mas também existem outras possibilidades analíticas. Em sua obra, a separação entre ricos e pobres, que corre o risco de ser interpretada como tendo um caráter apenas sociológico, abre o caminho para uma verdadeira ontologia do político. Emerge de seu esforço interpretativo um pensamento rigoroso e nuançado sobre a vida política na contemporaneidade.

Quanto a Cícero Araújo, ele propõe em seu livro *A forma da República* uma trajetória ao mesmo tempo baseada em grande erudição e em observações pessoais agudas. O autor expõe lucidamente suas concepções sobre temas que estudou ao longo de toda sua carreira acadêmica. Não se trata de um enunciado idiossincrático de suas posições, mas de uma real contribuição ao debate brasileiro sobre as ligações entre o conceito de representação e o de república e democracia. Convém notar que esta proposta, embora resgatando o debate moderno – Hobbes e

Rousseau em particular – têm por objetivo superá-lo, propondo uma solução apropriada para o tempo presente.

O caminho escolhido pelo autor é interessante porque coloca o conceito de "representação" no centro da argumentação, enquanto um grande número de autores da tradição republicana se concentra em temas como "participação" e "virtude cívica". Outro ponto interessante de seu pensamento é o papel que confere à noção de sociedade, que teria ocupado o lugar que era de Deus nos modelos teológico-políticos de justificação do poder. Podemos resistir a essa maneira de expor o problema da representação, mas devemos reconhecer que ela se baseia em uma pesquisa sólida e bem estruturada. É também por intermédio do tema da representação, e muitas vezes em contradição com as teorias modernas da República, que o autor aborda o que chama de a "questão democrática". Na mesma linha de Tocqueville, Cícero Araújo pretende mostrar o profundo impacto do pensamento jurídico e político no momento em que a ideia de igualdade começou a ser pensada à distância das hierarquias sociais que comandavam as sociedades aristocráticas ou monárquicas do passado. Com sua abordagem rica em nuances, o autor ofereceu uma pertinente contribuição para o debate sobre a natureza da democracia contemporânea em países como o Brasil.

Por sua vez, os trabalhos de Alberto de Barros sobre o republicanismo concentraram-se no universo do republicanismo inglês, com *Republicanismo inglês: uma teoria da liberdade*. Analisando um conjunto impressionante de fontes, ele oferece uma visão geral de uma época conturbada, que muitas vezes não está associada ao curso das ideias republicanas na modernidade. Afastando-se das interpretações mais influentes do problema da identidade do republicanismo inglês, presentes nos escritos de Zera Fink e J. G. A. Pocock, Alberto de Barros procura mostrar os pontos que unem as matrizes romana e italiana e o que foi escrito na Inglaterra do século XVII. É deste percurso que emerge o princípio que orienta as análises do autor. Para ele, o republicanismo inglês retira sua identidade da afirmação da liberdade como eixo de toda forma política correta. Para Alberto, (o que é uma tese inovadora no contexto dos estudos neorrepublicanos), o que une os numerosos autores ingleses é o fato de conceberem a liberdade como ausência de dominação. É a partir dessa ideia que o recurso a outros temas da tradição republicana é justificado e passa a fazer sentido. Não se trata de dizer que existia um amplo acordo entre os pensadores ingleses do século XVII sobre temas clássicos do pensamento político, mas, sim, de que eles escolheram pensar nos problemas de seu tempo, sonhar com um regime misto, que resolveria as numerosas contradições que atravessavam o corpo político, partindo de uma maneira de abordar a questão da liberdade. Alberto de Barros mostra, através de um argumento refinado, que, na Inglaterra do século XVII, a questão da liberdade era considerada para além do conhecido paradigma proposto por Isaiah Berlin, para o qual a liberdade na modernidade ou é positiva, e implica a ação constante dos cidadãos na arena pública, ou é negativa, dependendo apenas da restrição da interferência das instituições do Estado e dos particulares no terreno previsto pelas leis. Para além desse limite os indivíduos podem buscar livremente a realização de seus interesses particulares.[98]

O que emerge do livro de Alberto de Barros é outra Inglaterra. Nem o reino destinado a se tornar a pátria do liberalismo moderno, nem o país do republicanismo, que teria sido a sequência necessária da grande aventura do Renascimento italiano. A ilha era, no decorrer do século XVII, o campo dos conflitos que marcariam a modernidade e o lugar de criação de uma nova matriz republicana. Visitá-la com olhos atentos e criativos, como faz o autor, é uma maneira de revigorar os debates sobre a natureza

98  I. Berlin, *Liberty*.

da liberdade que fundamentam a democracia moderna. Desse modo, ele fecha as portas para um liberalismo que quer ser a única força dominante nas democracias ocidentais, para mostrar como, na Inglaterra setecentista, em um contexto tão desfavorável à tradição republicana clássica de origem romana, uma nova matriz de pensamento pode aparecer e forjar sua identidade. Esta não é somente uma tese historiográfica criativa, mas também uma tese política forte. Posicionar-se sobre as interpretações acerca do nascimento do republicanismo moderno é uma contribuição inestimável para o debate filosófico atual, galvanizado pela ideia de que é preciso que nada mude no desenvolvimento das sociedades capitalistas ocidentais para que a felicidade seja alcançada.

## "A esperança venceu o medo"

Quando, no fim do ano de 2002, o Brasil escolheu pela primeira vez em sua história um presidente proveniente das classes trabalhadoras, militante de um partido de esquerda, cujas raízes estavam nos sindicatos operários de São Paulo, nas comunidades de base da Igreja católica, nos movimentos sociais e em uma franja dos intelectuais de esquerda, esperava-se que a experiência democrática nacional estivesse entrando em nova fase. Não cabe aqui fazer um resumo dos acontecimentos que marcaram a primeira década do século XXI no Brasil. No entanto, para entender o que aconteceu durante esses anos e o que mudou no terreno da democracia, parece necessário examinar alguns aspectos da vida política. Primeiramente, entender as raízes históricas que fundaram as expectativas de 2002. Em seguida, analisar o que mudou ao longo dos anos a ponto de corroer a adesão popular às ações de um governo que, em alguns aspectos, mudaram a face do país.

O primeiro ponto a considerar é o fato de que Luiz Inácio Lula da Silva encarnou a esperança de partes significativas da população por meio de um movimento de concentração de expectativas que não pode ser entendido referindo-se apenas à história recente do país. Depois de ter participado de todas as eleições presidenciais, após a redemocratização do Brasil, e perdido todas elas, Lula representava a possibilidade de recuperar um projeto de transformação que havia sido interrompido pelo golpe civil-militar de 1964, quando o país dava passos importantes em direção à realização das chamadas "reformas de base", que deveriam ter contribuído para diminuir as desigualdades sociais. Os elementos de continuidade entre os dois momentos eram mais de ordem simbólica do que factual, mas contribuíram para criar o clima de esperança que cercou o candidato eleito do Partido dos Trabalhadores (PT). Mais tarde, esses mesmos elementos vão contribuir para criar a resistência a tudo o que parecia ser uma política de esquerda, fazendo reaparecer o espectro do anticomunismo, que desempenhará um papel fundamental nas eleições de 2018. Olhando mais de perto, em 2002, o partido do presidente (PT) tinha pouco a ver com o Partido Trabalhista Brasileiro (PTB), que procedia de um sindicalismo ligado ao Estado, criado durante a ditadura de Getúlio Vargas nos anos 1930, e que tinha encarnado a luta pelas reformas antes de 1964.[99] A ideia da retomada de um processo de transformação interrompido naquele ano teve um papel de destaque no surgimento das expectativas positivas que se seguiram às eleições, mas, de fato, não apontava para a retomada de uma experiência que fora muito mais frágil e tumultuada do que sugeria a comparação entre as duas épocas.

Um segundo elemento que contribuiu para criar esse clima

---

99 L. M. Rodrigues, "Sindicalismo e classe operária, 1930-1964". Ver também L. W. Vianna, *Liberalismo e sindicato no Brasil*.

de esperança foi a origem operária de Lula e seu itinerário de lutas contra a ditadura, primeiro no Sindicato dos Metalúrgicos em São Bernardo e, depois, em um partido de esquerda institucionalizado. Esses elementos pareciam indicar o fim de uma forma de ocupação do poder central, que até então tinha sido prerrogativa de uma ínfima parte das elites.

O terceiro ponto a ser considerado é o fato de que Lula foi capaz de incorporar um mito persistente da cultura brasileira, segundo o qual o país está destinado a se transformar em uma grande potência, digna de ser chamada de "paraíso" por seus felizes habitantes.[100] O futuro do Brasil, sempre adiado, levou a população a buscar em novos atores políticos a encarnação do "salvador da pátria". Embora Lula nunca tenha se apresentado como tal, e tenha procurado moderar as expectativas em relação ao seu governo (mesmo durante a campanha de 2002),[101] a combinação de frustrações resultantes da condição miserável de grande parte da população, com a esperança de que o presidente fosse a personificação de algo novo na arena pública, fez os brasileiros acreditarem que estavam destinados a viver, a partir de então, um destino pouco comum, que terminou por constituir o solo imaginário sobre o qual muitas lutas políticas se desenrolaram.

Como sabemos hoje, o governo Lula frustrou as expectativas de certos setores da sociedade, especialmente o dos intelectuais ligados às correntes mais à esquerda de seu próprio partido, que acabou não participando do governo. A adoção de políticas conservadoras no plano econômico, como a manutenção de acordos

---

100 Um estudo clássico da noção do paraíso em nossa cultura se encontra em S. B. de Holanda, *Visão do paraíso*.

101 Em julho de 2002, na "Carta aos brasileiros", Lula afirmava o caráter reformista de sua proposta de governo e negava a intenção de quebrar contratos ou de não respeitar os acordos internacionais em vigor.

com o Fundo Monetário Internacional (fmi), ou o fato de recorrer a taxas altas de juros para controlar a inflação, a manutenção ou até mesmo o fortalecimento do regime de austeridade fiscal, visando o pagamento da dívida pública interna e externa, mostrou àqueles que tinham acreditado na possibilidade de uma transformação radical da sociedade que o presidente havia optado por uma via ortodoxa na condução da politica econômica. Com isso, ele excluía resolutamente a adoção de medidas radicais ou inovadoras em todos os setores de seu governo.

A dissidência de uma parte da esquerda do pt foi apenas um primeiro estremecimento a anunciar o verdadeiro terremoto que abalaria a vida pública brasileira, devido às sucessivas revelações de escândalos envolvendo importantes membros do governo, alguns muito próximos ao presidente. Embora nem todos os fatos relativos às acusações de corrupção e abuso de poder dirigidos a Lula tenham sido satisfatoriamente comprovados, não há como negar que algo escapara do controle de um partido que se fizera pregando a "ética na política". Ao destacar a estreita relação existente entre os funcionários do Estado e setores ligados a empresários e banqueiros, os eventos de 2005, que ficaram conhecidos como Mensalão devido às suspeitas de que deputados recebiam dinheiro para votar com o governo, mostraram que o Brasil ainda estava longe dos critérios de transparência vigentes nas democracias modernas. Os anos vindouros provariam que aquele era apenas o começo da turbulência que mais uma vez ameaçaria a sobrevivência do regime democrático.

Reemergia, naquele momento, o problema da corrupção na vida pública brasileira, que sempre tivera um lugar de destaque na história do país. Há um relativo consenso entre os observadores da vida política de que a corrupção é um fenômeno recorrente na sociedade brasileira, que se mostrou incapaz de resolver os problemas dela decorrentes.[102] Os estudos geralmente abordam o que se chamou de "percepção da corrupção", mas há poucas análises que permitam entender a extensão do fenômeno e seus mecanismos de funcionamento.[103] Muitos analistas concentram sua atenção nos agentes do Estado e deixam de lado o fato de que a corrupção afeta não apenas o domínio público, mas também os mais diversos setores da sociedade, o que acaba por ameaçar a própria sobrevivência do estado de direito.[104]

Se, no terreno das ciências sociais, os primeiros anos do novo século xxi foram importantes para o surgimento de investigações aprofundadas sobre a corrupção, também foram marcados pelo reaparecimento do que Fernando Filgueiras chamou de abordagem moral do fenômeno.[105] Ao longo da história republicana brasileira, a corrupção esteve em vários momentos no centro dos debates públicos sem que tenham sido feitos esforços para realmente compreender a natureza do problema e como ele afeta o país. Na verdade, desde o Império, quando foi cunhada a expressão destinada a ter uma longa vida entre nós, "mar de lama", a corrupção foi, no mais das vezes, um operador retórico da luta política e não algo que de fato estivesse no centro das preocupações dos governantes. Como aconteceu nos anos 1950 e 1960, no começo dos anos 2000 reemergiu a ideia de que o maior dos males do país é, de fato, a corrupção e que ela deve ser combatida com todas as armas, muitas vezes ao arrepio das leis. Curiosamente, nos anos de governo Lula dois fatos

---

102 C. R. J. Pinto, *A banalidade da corrupção: uma forma de governar o Brasil.*
103 Uma análise importante dessa questão se encontra em L. Avritzer; F. Filgueiras (orgs.), *Corrupção e sistema político no Brasil.*
104 Esse aspecto da questão é estudado em N. Bignotto, "Corrupção e estado de direito".
105 F. Filgueiras, *Corrupção, democracia e legitimidade*, especialmente cap. 2.

foram marcantes nesse terreno. Em primeiro lugar, a criação de mecanismos de controle das atividades do Estado previstos na Constituição de 1988, como a Controladoria Geral da União (cgu), o que permitiu que instituições especializadas se ocupassem do problema dentro dos novos marcos legais. O outro acontecimento marcante seguiu na contramão desse movimento e reinseriu, no centro das disputas políticas, a linguagem vazia do "mar de lama" e a ideia abstrata e muitas vezes misturada com discursos religiosos de que algo de podre deveria ser extirpado da vida pública, e esse algo é sempre o inimigo político, os partidos de esquerda e seus aliados. No curso de corrosão da vida política brasileira, o uso dessa estratégia acabou sendo fundamental nos rumos da história republicana, deixando em segundo plano o combate efetivo das ações de corrupção de muitos atores políticos e institucionais.

Em que pese o fato de que os anos Lula foram marcados desde o começo pela forte resistência de setores conservadores da sociedade aos novos rumos do país, os debates levados a cabo pelos cientistas sociais continuaram e até mesmo reforçaram certos operadores teóricos surgidos nas décadas anteriores para tratar o tema da democracia. Dentre os paradigmas mais influentes, a noção de que o Brasil sempre foi governado por uma forma de "presidencialismo de coalizão" foi das mais influentes.[106] Para alguns estudiosos, o governo Lula não foi diferente do de seus predecessores, recorrendo a cooptações e alianças. Em um Congresso Nacional composto então por 27 partidos (atualmente são mais de trinta), a formação de uma maioria, que permita aprovar projetos essenciais para o governo, não foi tarefa fácil e fracassou várias vezes no decorrer dos mandatos sucessivos. Essa observação não nos permite concluir, no entanto, que

---

106 F. Santos, "Governos de coalizão no sistema presidencial: o caso do Brasil sob a égide da Constituição de 1988", p. 225.

o presidencialismo brasileiro não funciona ou que ele levou o país a viver uma instabilidade institucional permanente.[107] Como demonstrou o cientista político Fernando Limongi, ao longo dos anos 2000, o Executivo não apenas controlou o plano de ação do Legislativo, mas também conseguiu aprovar uma média de 70,7% dos projetos apresentados submetidos a cada ano ao Congresso. Sob o governo Lula, essa taxa chegou a 79,8% nos dois primeiros anos.[108] Isso revela que os problemas enfrentados por Lula não podem ser atribuídos unicamente ao sistema político vigente, mas à forma como ele operou dentro desse sistema. Formando alianças com partidos muito diferentes do grupo político que o elegera e fazendo uma série de concessões, que se mostraram desastrosas para sua administração, ele permitiu que comportamentos e práticas do passado continuassem a minar a credibilidade das instituições republicanas.[109]

Nesses anos de aparente calmaria, entre 2003 e 2010, em que pesem os muitos sobressaltos oriundos das crises políticas e do cenário internacional muitas vezes conturbado, o caráter entrópico do regime democrático republicano já estava em ação no momento em que o país imaginava poder escapar de seu passado para ocupar um lugar importante na cena mundial. Os próximos anos mostrariam que as ilusões teriam vida curta entre nós.

---

107 S. Abranches, "Presidencialismo de coalizão: o dilema institucional brasileiro".

108 F. Limongi, "Presidencialismo e governo de coalizão", p. 244.

109 F. Santos, op. cit., p. 236.

# De Dilma a Bolsonaro: a crise da democracia brasileira no século XXI (2010-2018)

## O destino de uma experiência de redução das desigualdades

Um dos maiores desafios para historiadores, filósofos e cientistas sociais é o de pensar o tempo presente. Se há fontes abundantes, muitas vezes ao alcance de um simples telefonema, o juízo crítico se torna mais difícil ao se misturar com emoções, ilusões e esperanças de cada analista. Num país com uma história tão diversificada e complexa quanto a nossa, a tarefa de encontrar explicações para os acontecimentos parece missão impossível. No entanto, nos anos recentes, o Brasil pensou muito sobre si mesmo. De todos os lados do espectro intelectual e político surgiram interpretações sobre o que estava acontecendo, as conexões com o cenário internacional e as implicações para o futuro do país. Algumas análises se conectavam com teorias correntes nas ciências sociais, caso de Sérgio Abranches; outras se ligavam a uma visão radical da realidade, como nos escritos de Vladimir Safatle; algumas pendiam para uma visão crítica do pensamento dominante na esquerda brasileira, caso de André Singer; enquanto outros, como Oscar Vilhena, tentaram entender os acontecimentos à luz das teorias constitucionais.

O importante é que a cena intelectual foi tomada por uma verdadeira onda de leituras sobre a realidade nacional, demonstrando a riqueza da comunidade de pensamento brasileira. Mas os acontecimentos da última década se mostraram resistentes às análises. Não que esses estudiosos não tenham encontrado fórmulas criativas para abordá-los. O fato é que, depois de 2013, a velocidade das mudanças foi tamanha que não houve tempo para o pensamento decantar. Pensou-se no calor das mudanças que rapidamente já indicavam outro caminho. Autores como Marcos Nobre, arguto estudioso da política nacional, foram surpreendidos por eventos que transformavam o cenário nacional quando seus livros já estavam no prelo. No meio dessa vertigem, muitos refizeram suas análises antes mesmo de completarem o percurso de estudos que haviam projetado.

Para resumir: os acontecimentos dos últimos anos estão longe de livrar seu significado e mesmo de apontar para a estabilização da cena pública. Por isso, o pensamento político brasileiro tem sido um exercício ao mesmo tempo agudo e modesto de abordagem da realidade. Não existe uma teoria hegemônica nos debates sobre a democracia, porque não é possível sabermos nem mesmo se a entropia do sistema político vai mais uma vez tragar as instituições da Constituição de 1988, como fazem prever certas ações de governantes e atores políticos e institucionais.

Deixando de lado qualquer pretensão à síntese, propomos aqui uma leitura dos últimos anos por meio do que chamamos de "guerra de facções". O conceito não é novo, está presente em Maquiavel e nos federalistas americanos, mas andava meio esquecido. Ele nos ajuda a pensar um quadro político fracionado em agentes que se tornaram incapazes de nomear e de agir segundo o interesse comum. Com essa formulação, estamos dizendo que a República brasileira corre mais uma vez perigo. A experiência democrática não terá como prosseguir sem a estabilidade dos pilares propostos no começo desse livro: igualdade, liberdade, participação, aceitação dos conflitos, autonomia da comunidade política, identidade. Esperemos que o edifício ainda esteja sólido para suportar a pressão dos tempos difíceis que estão em curso.

# Tempos de ilusão

O governo Lula (2003-2010) chegou ao fim tendo alcançado resultados positivos em várias áreas e acumulado polêmicas em outras. Em que pesem as dificuldades, ao deixar o cargo, Lula tinha um nível de aprovação elevadíssimo, o que lhe permitiu indicar e eleger sua sucessora, Dilma Rousseff, e entrar para o rol das personalidades mais conhecidas do planeta. Os três primeiros anos do governo Dilma, iniciado em 2011, pareciam manter o rumo e aprofundar conquistas na área social. Sabemos hoje que nuvens carregadas já se formavam no horizonte do que viria a ser a grande tempestade política que se abateria sobre o país. Antes de tentar apresentar alguns elementos de explicação sobre o que se passou nesses últimos anos, vale a pena relembrar alguns fatos e a maneira como intelectuais de diferentes tendências trataram as transformações que abalaram a vida brasileira.

Os anos entre 2005 e 2010 são conhecidos por economistas e cientistas políticos como os do "milagrinho", por referência aos anos da ditadura durante os quais o país viu sua economia crescer a taxas significativas, o dito "milagre econômico". Podemos atribuir esse crescimento do início dos anos 2000 à combinação de três fatores: a distribuição de renda, a expansão de crédito e o crescimento do investimento público. No curso desse período, a renda das famílias e, consequentemente, o consumo aumentaram, mas o fator mais importante para a melhoria da economia foi o aumento do investimento público.[1]

Como diz Laura Carvalho:

*Em resumo, o processo de redução de desigualdades no Brasil durante esse período explica-se, essencialmente, por mudanças na base da pirâmide, resultado em boa parte das políticas*

---

1 L. Carvalho, *Valsa brasileira: do boom ao caos econômico.*

*de transferência de renda e de valorização do salário mínimo. Essas transformações, por sua vez, repercutiram no padrão de consumo das famílias brasileiras: produtos e serviços antes consumidos apenas pelos mais ricos passaram a ser consumidos também pela população de baixa renda.*[2]

Para permanecer nos campos de referências teóricas escolhidos no início dessa investigação, deve-se notar que, na primeira década do século XXI, o Brasil experimentou uma redução real das desigualdades sociais, um aumento da participação popular, a formulação de uma nova ideia de identidade brasileira perante o mundo democrático e uma expansão da cidadania para as populações anteriormente excluídas do mundo dos direitos. A produção intelectual brasileira acompanhou essa nova situação, consolidando novas áreas de pesquisa. Se tomarmos como referência o trabalho de Sérgio Miceli sobre os intelectuais brasileiros de 1970 a 1995 e a síntese organizada por Leonardo Avritzer referente ao período de 1960 a 2015,[3] fica claro que os debates em torno da questão democrática acentuaram-se, consolidando assim, na teoria, o sentimento dominante na sociedade: a impressão de que o Brasil finalmente encontrara o caminho da democracia.[4]

Lilia Schwarcz e André Botelho, em artigo publicado em 2011, mostraram como sociólogos, cientistas políticos e historiadores viam o desenvolvimento da pesquisa sobre o Brasil, herdeira das discussões iniciadas pelos intérpretes do Brasil, nos primeiros anos do século XXI.[5] Essa área de investigação conhecida como a do "pensamento social brasileiro" ocupou muito de nossa

---

2 Ibid., p. 23.
3 L. Avritzer; C. R. S. Milani; M. do S. Braga, *A ciência política no Brasil.*
4 S. Miceli (org.), op. cit.
5 L. M. Schwarcz; A. Botelho, Simpósio: cinco questões sobre o pensamento social brasileiro.

atenção até aqui. Vale a pena, no entanto, fazer um balanço de suas perspectivas no período abarcado por este capítulo.

Os participantes do debate registrado no artigo em 2011 saudaram unanimemente o fato de que eles podiam falar de pesquisas consolidadas com um passado muito significativo na história intelectual do país. Quando se tratava de nomear as temáticas mais importantes, um dos participantes dizia: "Creio que o maior desafio será entender que, ao estudar nosso pensamento social, também produzimos, mais que história das ideias, pensamento social. Daí a relevância da questão da democracia para a nossa reflexão sobre os clássicos, e a preocupação com a recuperação das nossas possibilidades e limites de vida democrática".[6] Outro autor observava que havia uma forte divisão no seio da comunidade acadêmica entre pesquisadores que privilegiavam uma abordagem "relacionada ao contexto" e os que preferiam uma abordagem mais próxima da dos historiadores das ideias.

Mesmo considerando a extrema diversidade e riqueza da pesquisa brasileira sobre a ideia democrática, é possível dizer que essa questão, no fim da primeira década do novo século, fazia parte de todas as correntes de pensamento político.[7] Seguindo os parâmetros definidos no início de nosso percurso, havia razões para ser otimista com o que se passava no Brasil depois da promulgação da Constituição em 1988. Os anos seguintes trariam uma amarga surpresa.

6 Ibid., p. 143. O depoimento foi dado por Rubem Barbosa Filho.
7 L. Avritzer, "Democracia no Brasil: do ciclo virtuoso à crise política aberta", p. 19.

## 2013: o ano que não terminou

Dilma Rousseff chegou ao poder em 2010, com a ajuda da enorme popularidade do presidente Lula. Ela, no entanto, não seguiria o mesmo percurso de seu mentor na condução política e na economia. Em seu primeiro mandato (2010-2014), ainda que tenha feito opções diferentes em muitos campos, preservou importantes eixos do governo anterior, notadamente no que diz respeito às políticas de redução da pobreza. Apenas para ilustrar, em 2002, 24% da população estava abaixo da linha de extrema pobreza. Em 2014 ainda havia 7% nessa condição. Essa redução, no entanto, diz respeito aos muito pobres e não reduziu a distância entre a maioria dos brasileiros e os mais ricos.[8] De qualquer forma, é inegável que a diminuição das desigualdades sociais teve um impacto significativo na vida do país. Pela primeira vez, parecia que a democracia brasileira estava no caminho certo. As instituições republicanas pareciam sólidas e capazes de absorver o impacto das disputas políticas típicas de países democráticos.

No plano econômico, o novo governo procedeu a uma mudança de rumo que, segundo especialistas, está no centro da catástrofe que atingiu a economia brasileira a partir de 2014. Conforme Laura Carvalho: "Essa agenda envolveu a redução de juros, a desvalorização do real, a contenção de gastos e investimentos públicos e uma política de desonerações tributárias cada vez mais amplas, além da expansão do crédito do BNDES e o represamento das tarifas de energia."[9] Tais medidas se mostrariam desastrosas para a vida econômica do país. Convém recordar, no entanto, que foram amplamente discutidas com entidades comerciais e industriais, em particular com a Federação

---

8   A. Singer, *O lulismo em crise: um quebra-cabeça do período Dilma (2011-2016)*, p. 82.

9   L. Carvalho, op. cit., p. 59.

das Indústrias de São Paulo (Fiesp), e executadas, pelo menos inicialmente, com o apoio de partes importantes dos agentes econômicos (empresários, banqueiros) envolvidos.

Em 2013, talvez alguns analistas políticos e econômicos já percebessem que havia algo de errado com o novo governo, mas nada levava a supor que as manifestações nas ruas, que tinham acontecido em São Paulo contra o aumento das tarifas dos transportes públicos no decorrer do mês de junho, pudessem se transformar em acontecimentos que mudariam a face do país, levando, cinco anos mais tarde, à eleição de um candidato vinculado aos valores da extrema direita.[10] É difícil reproduzir todos os eventos daquele ano, mas é possível assinalar alguns momentos fortes de um período que mudou a vida política brasileira e forçou cientistas políticos, historiadores e filósofos a abandonarem concepções tradicionais de democracia, sobre as quais tinham baseado suas pesquisas nos anos anteriores, para mergulhar num universo turvo, sujeito às mudanças e inconstâncias e cujo significado escapava a uma boa parte dos analistas políticos.

Os acontecimentos são conhecidos, mas parece importante retomar alguns deles para melhor entender o sentido de algumas das interpretações que foram propostas desde então. No início de junho de 2013, o preço do transporte público era o foco das manifestações que tomavam as ruas. À medida que as mobilizações se multiplicavam, as reinvindicações passaram a incidir sobre as mazelas do Sistema Único de Saúde (sus), sobre

---

10 No início de 2013, Marcos Nobre preparava a publicação de um livro sobre o sistema político brasileiro, quando, em junho, começaram as manifestações. Ele foi obrigado a adiar o lançamento para escrever outro pequeno livro sobre os eventos. São eles: M. Nobre, *Imobilismo democrático: da abertura democrática ao governo Dilma*; *Choque de democracia: razões da revolta*. No segundo livro, ele afirma, referindo-se às manifestações de junho, que elas eram movimentos apartidários, horizontais, que não tinham relação com governos.

o fracasso de alguns programas de educação, sobre os gastos com a realização da Copa do Mundo de futebol em 2014. Novas demandas começaram a dominar as marchas gigantescas, que aconteciam nas principais cidades do país. Em 18 de junho de 2013, o jornal *Folha de S. Paulo* publicou: "Milhares de pessoas nas ruas contra tudo". Dois dias depois, o jornal francês *Libération*, se perguntava: "Então? Fogo de palha ou revolução?". Como Leonardo Avritzer apontou, o mais importante era o fato de que o governo Dilma ia, aos poucos, se tornando o alvo das manifestações.[11] As historiadoras Heloisa Starling e Lilia Schwarcz, que haviam publicado um livro sobre a história brasileira, perceberam que algo novo surgia naquele momento. Das bordas, segundo elas, emergia um conjunto de reivindicações impulsionadas por um novo estilo de fazer política classificado por muitos como autonomista ou anarquista. O governo se tornou o alvo preferencial dos protestos, mas as pautas populares iam mais longe do que as que normalmente povoavam a cena pública brasileira. O país assistiu ao aparecimento de uma nova linguagem na arena pública e a ruptura do tecido social e político que trazia em si uma incógnita.[12]

No mesmo sentido, a socióloga Angela Alonso observou que os protestos começaram com reivindicações clássicas em torno do preço das passagens de ônibus, para, gradualmente, dar lugar a demandas ligadas a temas tão variados como os da condição das mulheres, de outras minorias, da representação pública, da educação. Ainda que não se possa estabelecer uma linha causal estrita entre os eventos de 2013 e tudo o que se passou depois, é mister notar que, no curso dos últimos anos, surgiram na cena pública movimentos de direita e extrema direita que estavam ausentes da vida política brasileira desde a Constituição de 1988. Pela primeira

11  L. Avritzer, op. cit., p. 25.
12  L. M. Schwartz; H. M. Starling, op. cit., pós-escrito.

vez após o fim da ditadura militar, em 1985, manifestantes exigiram abertamente o retorno dos militares ao poder.[13]

Minha intenção não é analisar em detalhes os acontecimentos de 2013 e seus desdobramentos na vida política do país. O que me interessa é o fato de terem provocado uma profunda reviravolta nos debates sobre a ideia democrática. Os temas que nos guiaram até aqui – a igualdade, a liberdade, a participação, a identidade, a autonomia, o conflito etc. –, não desapareceram do horizonte das pesquisas dos intelectuais brasileiros, mas ganharam um significado diferente aos olhos dos que acreditavam que o Brasil havia entrado na era da modernidade democrática.

O ano de 2013 deu origem a uma literatura abundante. Artigos de jornais, textos acadêmicos, livros, teses e resenhas foram escritos, formando uma massa impressionante de textos em torno de um acontecimento ainda atual. Deixando de lado a pretensão de abarcar toda essa produção, e correndo o risco de deixar de fora interpretações valiosas, recorrerei a algumas leituras que nos ajudam nesse percurso analítico.

Começo com os escritos de Vladimir Safatle, professor da Universidade de São Paulo e colunista do jornal *Folha de S. Paulo*, uma das vozes mais influentes do pensamento radical de esquerda. Vladimir acolheu com grande entusiasmo as manifestações de 2013. Influenciado por autores ligados à Escola de Frankfurt, por Walter Benjamin em particular, e pela filosofia de Alain Badiou, ele estimou que o Brasil vivia um momento histórico, que poderia abrir a porta para uma nova forma de fazer política.[14] Analisando mais tarde o que aconteceu, ele diria que uma porta havia sido aberta, capaz de desobstruir a via para a superação de velhas mazelas:

---

13  A. Alonso, "Protestos em São Paulo de Dilma a Temer".

14  Para compreender o percurso filosófico do autor ver V. Safatle, *Grande Hotel Abismo: por uma reconstrução da teo ria do reconhecimento*; *O circuito dos afetos: corpos políticos, desamparo e o fim do indivíduo*.

*Um dos traços mais evidentes do pensamento oligárquico – disse ele –, está em sua forma de descrever o povo e as massas. São normalmente representações de uma espécie de sonâmbulo que age de forma irrefletida e nunca escapa por completo de um estado de sonolência. Daí as injunções sobre o estado de anestesia do povo, de sua apatia e indiferença. No Brasil, tal pensamento está tão enraizado que o país costuma se ver a si mesmo como um gigante dormindo.*[15]

À luz desta observação, que reproduz a de autores que estudamos, Safatle critica a democracia brasileira, tal como existiu até agora, para sugerir que apenas uma transformação revolucionária da cena pública nacional poderia libertar o país do seu passado oligárquico. Com o tempo, sua esperança inicial foi posta de lado, dando lugar a um pessimismo de tons adornianos, que o levou a pensar que o Brasil havia entrado na fase final de sua curta experiência democrática. No entanto, em 2017, ele ainda acreditava em mudanças: "O fato é que algo como junho de 2013 provavelmente se repetirá. A verdadeira questão é se estaremos preparados para isso ou se iremos perder a oportunidade, mais uma vez, de colocar abaixo a estrutura institucional degradada e sua casta política."[16] Vladimir Safatle sempre foi um autor preocupado com a questão do reconhecimento, da identidade e da autonomia. Esses são os caminhos que trilhou para analisar a questão democrática. Antes da crise dos últimos anos, podemos dizer que o fazia numa linguagem metafórica, oscilando entre a esperança messiânica, típica dos herdeiros de Benjamin, e o pessimismo apocalíptico de algumas interpretações do pensamento de Adorno. Para o filósofo, o ano de 2013

---

15  V. Safatle, "Manifestações como as de 2013 provavelmente se repetirão".
16  Idem. Em 2017, Safatle consolidou seus pontos de vista críticos da democracia brasileira em V. Safatle, *Só mais um esforço*.

acabou sendo uma marca que nunca revelou seus sentidos mais sombrios, mas que continua a nos atormentar.

O ensaísta e professor Eugênio Bucci dedicou um livro inteiro aos acontecimentos e está entre aqueles para quem os eventos de 2013 foram o sinal do surgimento de novos tempos.[17] Se servindo de autores como Jürgen Habermas e Jacques Rancière, procurou entender o significado do que acreditava serem as novas linguagens da política e o impacto do uso de novas ferramentas de comunicação no cenário público. Em um texto de 2015, afirmou:

*As chamadas jornadas de junho escancararam o descompasso entre a temporalidade da sociedade civil e a temporalidade do Estado. A evolução ultraveloz das práticas comunicativas da esfera pública e do mundo da vida deixou na poeira o andamento lento da burocracia estatal. O que as autoridades tardaram a perceber foi que as redes interconectadas deram mais substância, mais alcance e mais vigor para os processos naturais do mundo da vida, o que turbinou os ritmos próprios de formação e dissolução de consensos e dissensos na esfera pública.[18]*

Ciente das mudanças trazidas pela linguagem, o autor ressaltou que confrontos violentos, associados às novas formas de comunicação, não mudavam os antigos métodos da política. Para ele, o Brasil fazia frente a um novo cruzamento entre política, violência e linguagem.[19]

As preocupações legítimas do autor em relação às novas formas de participação e a importância que ele atribui aos conflitos de rua nas sociedades democráticas deixam na sombra a

---

17  E. Bucci, *A forma bruta dos protestos*.
18  E. Bucci, "Violência na linguagem: a forma bruta dos protestos", p. 421.
19  Ibid., p. 411.

dimensão destrutiva da violência, presente mesmo quando as disputas vêm acompanhadas pelo desejo de uma renovação radical da sociedade. A mim parece que, se a tática dos *black blocs* surgiu na cena pública como um sinal revelador de um novo mundo, também reforçou um aspecto da vida brasileira, que é a presença da violência na vida cotidiana, em particular nas camadas sociais mais pobres da população. Por isso, longe de modificar a equação democrática, esses militantes recorreram aos seus operadores mais destrutivos, que apontam para a radicalização das disputas e para a predominância do emprego da força na solução dos conflitos sociais. Nesse terreno, as elites conservadoras brasileiras possuem uma longa experiência, como visto ao longo do livro.

Nos campos das ciências sociais e do direito, as reações também foram muito diversas. Como não é possível tratá-las em seu conjunto, mais uma vez vou me limitar a alguns poucos exemplos.

No livro *A batalha dos poderes*, em que reflete sobre a história recente do Brasil, desde a promulgação da Constituição de 1988,[20] o jurista Oscar Vilhena Vieira afirma que os acontecimentos de 2013 criaram uma crise institucional e política que continua até hoje. Para ele, as manifestações expressaram de maneira clara o desejo, sobretudo da parcela mais jovem da população, mas também de muitos setores da sociedade civil, de fazer valer a Constituição no que ela havia avançado no terreno dos direitos fundamentais, do estado de direito, ou, em última análise, da democracia.[21]

Como o livro pretende analisar os trinta anos da Constituição de 1988, é natural que o autor tenha se concentrado nos aspectos da crise do país que guardam relação com o direito constitucional.

---

20  O. V. Vieira, *A batalha dos poderes: da transição democrática ao mal-estar constitucional*.
21  Ibid., p. 23.

Isso não o impediu de perceber que, pouco a pouco, o sistema político brasileiro tinha perdido o rumo e se via ameaçado por movimentos que haviam nascido justamente no momento em que se fortificava a defesa das aquisições constitucionais.[22] Apesar da aguda percepção da natureza da crise criada pelo confronto entre a classe política, o Judiciário e a sociedade, o autor se mostrou otimista quanto ao papel da Constituição, pois, para ele, as ações políticas continuavam, tanto quanto possível, a serem disputadas de acordo com o texto da Constituição.[23]

Esse otimismo um tanto abrandado em relação ao funcionamento das instituições brasileiras conforta a opinião de muitos cientistas políticos que tenderam a acreditar que, apesar da gravidade dos acontecimentos, é sempre possível recorrer aos caminhos institucionais para salvar o regime democrático. Para eles, a democracia brasileira seguia intacta e poderia solucionar os graves confrontos políticos que ocorreram a partir de 2013 nos marcos da Constituição. Fabiano Santos, um importante defensor do "presidencialismo de coalizão", caminha na mesma direção.[24] O cientista político é muito mais radical em seu diagnóstico sobre a natureza de acontecimentos como o impeachment da presidente Dilma, que ele não qualifica como um ato jurídico "controverso", como faz Vilhena, mas como um golpe de Estado parlamentar.[25] Apesar das divergências, ambos concordam em defender o ponto de vista "institucionalista" por acreditarem que é o mais adequado para pensar a história recente da democracia brasileira. Trata-se de um modelo de pensamento

---

22 Ibid., p. 26.
23 Ibid., p. 24.
24 F. Santos; J. Szwako, "Impasses políticos e institucionais no cenário atual", p. 56.
25 O uso do termo foi defendido por W. G. dos Santos, *A democracia impedida: o Brasil no século XXI*.

que coloca o estudo da dinâmica institucional no centro da teoria política contemporânea e obteve um grande sucesso nas universidades da América Latina desde os anos 1990.

Ora, ao examinar as interpretações dos acontecimentos de 2013, sou obrigado a concluir que estou longe de poder indicar uma linha dominante de compreensão do que aconteceu naquele ano. Aqui, não há a pretensão de propor uma leitura capaz de superar todas as outras. O objetivo é simplesmente sugerir um ponto de vista que, longe de negligenciar a importância do ano de 2013, insira-o em um conjunto de transformações da vida democrática brasileira que ainda não encontrou seu fim. Por essa razão, parece que aquele ano não pode ser considerado como um acontecimento do passado, abrindo-se aos estudos dos historiadores. Para refletir sobre o destino das ideias democráticas no Brasil, é mais útil pensar que elas podem ser melhor compreendidas se considerarmos seus pontos de tensão no médio prazo. Isso significa que, em vez de buscar desvendar o significado dos acontecimentos extraordinários de um único ano, tentarei encontrar uma chave para ler o que aconteceu entre 2013 e 2018, quando a democracia brasileira foi ameaçada por uma série de ações na cena política. Durante esse período, as ideias democráticas encontraram seus limites diante de uma crise que não estava no horizonte de nenhuma das correntes de pensamento sobre democracia até então.

## As ilusões caem: democracia em perigo ou guerra de facções

O Brasil conheceu, nesses últimos anos, um grande número de transformações sociais e de movimentos políticos. Para nos ajudar em nossas análises procuremos recordar os tempos fortes do nosso passado recente. Comecemos pelo ano de 2014. Pouco antes da reeleição da presidente Dilma, a Polícia Federal descobriu um caso de corrupção envolvendo membros do governo, políticos de diversos partidos, empresários tradicionais e, acima de tudo, dirigentes da Petrobras. A operação batizada "Lava Jato" teve um efeito devastador na vida política brasileira, com repercussões comparáveis à operação Mãos Limpas que, nos anos 1990, alterou profundamente a vida política italiana. O tema da corrupção, que sempre esteve presente na história brasileira, voltou a ocupar um lugar de destaque e se tornou uma acusação central dos grupos de oposição em relação ao governo do PT, mas não apenas deles. Se a corrupção, como já mostrei aqui, fez parte da vida pública do país pelo menos desde a Segunda República, o fato de se expor, em todos os detalhes, os meios usados por atores políticos, empresários e antigos condenados pela justiça para roubar o dinheiro público contribuiu para colocar em questão todo o aparelho institucional sobre o qual a jovem democracia estava baseada.

Quase ao mesmo tempo, ainda em 2014, a economia do país entrou em colapso. A taxa de inflação atingiu 6,75% em setembro, enquanto a taxa de crescimento anual do PIB estagnava em 0,5%. A incapacidade da economia brasileira em responder às muitas medidas postas em prática pelo governo, fato conjugado com a queda do preço internacional das *commodities*, mergulhou o Brasil em uma espiral negativa cujos efeitos logo se fizeram sentir na vida dos brasileiros.[26] Tensões econômicas misturadas à crise política engendrada pelos resultados da operação Lava-Jato lançaram o país num redemoinho do qual ninguém parecia poder escapar. Como Laura Carvalho muito bem resumiu:

*No início de 2016, duas teses principais dominavam o debate econômico. A primeira sustentava que o ajuste não tinha sido feito, ignorando que o aumento do déficit primário se deu*

26 L. Carvalho, op. cit., p. 98.

*apesar dos cortes substanciais nos gastos discricionários, pela queda ainda maior nas receitas. A segunda culpava a própria figura da presidente Dilma Rousseff pela falta de confiança dos investidores.*[27]

Nenhuma dessas explicações era inteiramente válida, mas, somadas aos temores de que grande parte do sistema político seria engolida pelas políticas de combate à corrupção, elas constituíram um poderoso combustível que conduziu ao golpe que custaria o mandato da presidente. O elemento jurídico que serviu de base para o impeachment presidencial, as chamadas "pedaladas fiscais", tinha pouca consistência técnica, sobretudo por se referir a práticas seguidas por todos os presidentes anteriores. Mas isso tinha pouca importância aos olhos dos agentes que estavam determinados a tomar o poder por quaisquer meios.[28] O que estava em jogo não era uma questão tributária, mas a sobrevivência do mandato presidencial cada vez mais atacado por um número crescente de atores políticos.

Os anos de 2015-2016 viram o ressurgimento das grandes marchas de protestos.[29] A presidente assumiu o cargo para seu segundo mandato sob a pressão de seus oponentes sem saber como reagir. No final de 2014, logo após as eleições, o Partido da Social Democracia Brasileira (PSDB), cujo candidato Aécio Neves

---

27 Ibid., p. 108.
28 Ibid., p. 106.
29 L. M. Schwarcz; H. M. Starling, op. cit., pós-escrito. "Foi uma reviravolta e tanto. O país, que já vinha mostrando sinais de divisão, literalmente rachou no decorrer dessas manifestações de 2015 e 2016. O governo Dilma Rousseff se tornou, então, o principal alvo dos protestos, o tema da corrupção firmou-se no centro da pauta e grupos até então inexpressivos, mas com discurso conservador e regressivo, como entre aqueles que pediam a volta dos militares ao poder, avançaram sobre o veio principal das manifestações e passaram a controlar parte importante dos atos."

ficara em segundo lugar nas eleições presidenciais, contestou os resultados finais das pesquisas e exigiu que as eleições fossem anuladas. Os meses que se seguiram foram extremamente difíceis e já anunciavam o colapso do governo. Na frente econômica, a presidente tentou virar à direita, ao confiar o Ministério da Fazenda a um técnico próximo dos mercados financeiros. No entanto, Joaquim Levy não foi capaz de reativar a economia, o que isolou ainda mais o governo, atacado pelas forças de direita e de esquerda.

O resultado é conhecido. A presidente perdeu seu mandato. O ato de seu afastamento entrará para a história como uma mancha no curso da democracia brasileira. Em 17 de abril de 2016, os brasileiros assistiram, ao vivo, a uma longa sessão do parlamento em Brasília, durante a qual mais de quinhentos deputados votaram contra a perda do mandato de Dilma Rousseff ou a favor dela. No entanto, em vez de se referirem às razões jurídicas ou mesmo políticas para suas decisões, os deputados preferiram mandar mensagens aos membros de suas famílias, abordar questões religiosas evocando abundantemente o nome de Deus e revelando até suas preferências gastronômicas. Bolsonaro, então um obscuro membro da Câmara por mais de 28 anos, preferiu elogiar o carrasco da presidente, o coronel Carlos Alberto Brilhante Ustra, responsável pela tortura de Dilma, prisioneira política durante a ditadura militar.[30] Abria-se uma brecha que serviria não para a renovação da política brasileira em sua caminhada em direção a mais justiça e igualdade, mas para o fortalecimento de todos os movimentos extremistas, que pregam abertamente o retrocesso do país nos campos social, moral, legal e político.

---

30 Para uma cronologia dos acontecimentos ver B. Mello Franco, *Mil dias de tormenta: a crise que derrubou Dilma e deixou Temer por um fio*. Para uma análise fina do processo de destituição da presidente, ver R. de Almeida, *À sombra do poder: bastidores da crise que derrubou Dilma Rousseff*.

Esse período foi tema de inúmeras interpretações na imprensa, em revistas especializadas e livros. Contento-me com apresentar dois autores que me parecem representativos das análises mais equilibradas.

André Singer provou ser um dos intérpretes mais aguçados dos anos de poder do PT.[31] Tendo participado da primeira fase do governo Lula, Singer conseguiu se distanciar do objeto de suas investigações demonstrando um profundo conhecimento da forma de proceder dos dirigentes da esquerda. Em seu livro, Singer procurava entender o cenário político brasileiro a partir da análise do que ele chamava de a estrutura de classe do conflito. Em 2018, ele novamente interveio no debate público, publicando um livro sobre o que acontecera no Brasil nos anos anteriores.[32] Para ele, as manifestações de 2013 continham elementos contraditórios em sua composição, ou, como sintetizou: "o material disponível indica a plausibilidade de ter havido dois junhos de classes nas mesmas ruas".[33] Para apoiar seu ponto de vista, ele observa que nada menos que 43% dos participantes nas marchas de protesto possuíam um diploma universitário. Para resumir sua posição, o pensador diz: "junho representou o cruzamento de classes e ideologias diferentes e em alguns casos, opostas".[34]

Para André Singer, a democracia brasileira, fosse durante a Segunda República ou na Terceira República, sempre teve a mesma estrutura. "Nos dois casos, um partido popular e um partido de classe média duelam em torno do problema crucial de como responder à aspiração das massas por maior participação

---

31 A. Singer, *Os sentidos do lulismo: reforma gradual e pacto conservador.*
32 A. Singer, *O lulismo em crise: um quebra-cabeça do período Dilma (2011-2016).*
33 Ibid., p. 109.
34 Ibid., p. 124.

na riqueza nacional."[35] Para estabilizar o sistema, sempre existiu o que ele chama de partido do interior. Nos últimos anos, havia sido o Partido do Movimento Democrático Brasileiro (PMDB), que ancorou sua presença na vida pública com suas práticas clientelistas e, supostamente, não ideológicas.[36]

Esse sistema colapsou, levando ao que ele descreve como uma tragédia da vida política brasileira. Singer não nega o envolvimento do PT em escândalos de corrupção nem o fato de que a presidente Dilma conduziu de maneira errática a política econômica de seu governo. Para ele, no entanto, sem o endurecimento da luta de classes pela apropriação dos recursos do Estado, a crise brasileira não teria adquirido os contornos alarmantes desses últimos anos. Corajosamente, ele levanta uma hipótese original para compreender o fracasso retumbante do governo Dilma e sua interrupção em 2016. "Minha hipótese é que Dilma decidira fazer em seu mandato o que poderia chamar de um ensaio republicano: a limitação do esquema clientelista predatório incrustrado no aparelho estatal brasileiro."[37] Tendo desagradado grandes camadas da elite brasileira e rompido com o precário equilíbrio entre os três elementos estabilizadores do sistema político brasileiro, representado pelos partidos "populares, de classe média e do interior", a presidente teria se condenado ao fracasso por todos esses fatores e por não ter podido contar nem mesmo com o apoio decisivo de seu próprio partido e dos movimentos sociais tradicionalmente associados a ele. De certa forma, ela sucumbiu a uma crise que não tinha a habilidade necessária para enfrentar e nem podia controlar.

O segundo pensador é Sérgio Abranches, autor de uma das mais influentes teorias das ciências sociais sobre a dinâmica

---

35  Ibid., p. 156.
36  Ibid., p. 157.
37  Ibid., p. 185.

do sistema político brasileiro. Trata-se, como já tive a oportunidade de mostrar, da ideia segundo a qual a democracia, nos períodos de sua existência no país, sempre pôde se estabelecer tendo como modo de funcionamento o que chamou de "presidencialismo de coalizão". Originalmente, a tese foi usada para estudar a Segunda República; porém, recentemente, o autor expandiu seu uso para todo o período republicano. Foi a partir desse referencial teórico que ele procurou entender a dinâmica dos acontecimentos recentes, que colocaram em risco a democracia brasileira.[38]

Sérgio Abranches parte da constatação da gravidade da crise brasileira para tentar entender a cadeia de acontecimentos que dominaram a vida política de 2013 até 2018. Por um lado, ele continua fiel à abordagem metodológica que caracteriza seus estudos e procura expor os fatos políticos da maneira mais neutra possível. Por outro lado, no relato sereno dos acontecimentos, Abranches tece uma série de comentários que constituem uma abordagem matizada do objeto analisado. Assim, depois de mostrar a sucessão de ações de diversos agentes políticos em 2015 e 2016 e a explosão das grandes manifestações contra Dilma, ele concluiu: "A sociedade mobilizada sabia contra o que protestava de um lado e do outro, mas não dava caminhos para o futuro. O Congresso, polarizado e paralisado. O Executivo, acuado. O Judiciário, pressionado. Um delicado quadro institucional se armou, com alta probabilidade de ruptura, política ou institucional."[39] A análise do autor se concentra no estudo do ponto de equilíbrio do governo e na capacidade do país de viver suas crises preservando a democracia. Em outras palavras, Abranches é um pensador "institucionalista", para quem a compreensão da

---

38  S. Abranches, *Presidencialismo de coalizão: raízes e evolução do modelo político brasileiro*.

39  Ibid., p. 303.

democracia passa pela compreensão da dinâmica de suas instituições e seus modos de funcionamento.

Nessa lógica, ele segue os acontecimentos buscando interpretar os sinais de ruptura do modelo de "presidência de coalizão". Ao contrário de outros pensadores, Abranches não se contenta com a tese de que o impeachment da presidente foi um golpe de Estado. Isso não o impede de constatar a violação da lei constitucional presente em muitos atos dos diferentes poderes no contexto recente. Comentando certas ações do Judiciário, ele constata que a politização desse poder era crescente.[40] Se o processo de impeachment da presidente foi um procedimento político, ele não pode ser pensado de acordo com referências exclusivamente jurídicas, visto que estava sujeito a contestações e sempre estará.[41] O autor é muito sensível ao fato de que, ao longo da Terceira República, dois presidentes perderam seus mandatos por meio do procedimento de impeachment: Fernando Collor de Mello (em 1992) e Dilma Rousseff (em 2016). O que deveria ser algo raro parece fazer cada vez mais parte do modo como as várias forças políticas escolhem resolver seus conflitos.

Ao fim, o julgamento de Abranches é mitigado. Por um lado, tenta medir a extensão da crise a partir dos parâmetros que estabeleceu para pensar o Brasil. Referindo-se ao governo Temer, ele afirma: "Embora fosse grande o estresse, o aparato institucional da Terceira República, posto a teste, continuava a funcionar."[42] Apesar do aparente otimismo, ele constata que o sistema político brasileiro conheceu crises muito violentas e que seria improvável que o sistema, sujeito a tal disfunção, pudesse permanecer intacto. Um dos aspectos da história política recente que mais o preocupa é a fragmentação da composição

40 Ibid., p. 312.
41 Ibid., p. 325.
42 Ibid., p. 334.

do parlamento. Nas eleições de 2018, mais de trinta partidos disputaram os postos de deputados e senadores nos estados e no âmbito do governo federal. Este fato se mostrou decisivo para a instabilidade do regime, pois, a cada voto em um dos órgãos legislativos, o presidente tem que negociar com um grande número de atores políticos. Por outro lado, o sistema provou ser totalmente permeável à corrupção de diferentes formas. Uma delas está diretamente ligada ao financiamento ilegal de campanhas cada vez mais caras.[43] Em tal quadro de deterioração, afirma Abranches, é difícil dizer se a democracia brasileira poderá sobreviver a ela mesma.

* * *

No meu entender, nenhuma das explicações dadas pelos especialistas reflete inteiramente o que se passou no país nos últimos anos. Isso não decorre do caráter imperfeito das considerações formuladas por economistas, historiadores, filósofos, cientistas políticos e juristas, mas do fato de que se trata de um processo em curso, que ainda não revelou seu completo significado e seus desdobramentos. Para permanecer fiel ao caminho que segui até agora, parece razoável tentar pensar os acontecimentos a partir de um operador teórico que faz parte da tradição republicana. O conceito que escolhi é o da guerra de facções. Não pretendo, com isso, substituir todas as análises apresentadas até aqui por uma visão mais global do fenômeno de deterioração da vida democrática do país. Penso, todavia, que o conceito escolhido amplia o campo de análise da situação brasileira. Essa escolha tem algo de inédita no vocabulário teórico utilizado em nossas ciências sociais, mas, de um ponto de vista fenomenológico, pode ser um instrumento útil para os propósitos deste livro.

43 Ibid., p. 341-348.

\* \* \*

O observador atento ao cenário público brasileiro entre 2013 e 2018 não teria problemas em dizer que o país estava dividido em dois. Na esfera política, havia os que desejavam ardentemente o fim do governo do PT e os que defendiam o mandato da presidente Dilma e, a partir do impeachment, a destituição do vice--presidente Michel Temer, que assumiu o poder após o golpe de Estado. Essa divisão se refletia na sociedade, afetando não apenas a vida profissional dos indivíduos, mas também as relações dentro das famílias. Esse cenário se parece um pouco com o que a França conheceu na época do caso Dreyfus, no fim do século xix, quando, por vezes, moradores de uma mesma rua não se cumprimentavam por causa da posição de cada um quanto à condenação do capitão judeu acusado de espionagem em favor da Alemanha.

Podemos dizer que a descrição dos conflitos que atravessam o Brasil a partir de uma lógica binária está correta do ponto de vista sociológico e corresponde aos comportamentos que existem na sociedade em geral. Isso, no entanto, é apenas uma camada da realidade política e social do país. Há uma segunda camada que diz respeito à luta pelo poder político e pelo controle dos mecanismos do Estado, que não pode ser compreendida por meio da divisão binária da sociedade. Para entender esse fenômeno precisamos usar outra ferramenta teórica.

Nos textos dos federalistas da Revolução Americana está o conceito necessário para demonstrar a plausibilidade de minha hipótese. No artigo número 10, James Madison estuda os efeitos da existência do que ele chama de facções na vida pública.[44] No momento da redação do documento (1787-1788), quando se buscava ratificar a Constituição federal, a divisão do corpo político e o risco de que o Estado central não viesse a se consolidar era

---

44  A. Hamilton; J. Madison; J. Jay, *The Federalist Papers*, p. 76

um problema importante para os americanos, que lutavam para impor uma visão dominante da futura organização institucional do país. Muitos cidadãos se queixavam do fato de que a existência de diferentes facções tornava a vida política instável e arriscada, muitas vezes ameaçando os direitos das camadas minoritárias da sociedade.[45] Madison definiu uma facção como "um conjunto de cidadãos, quer formem uma maioria ou a minoria do todo, que são unidos e agem movidos por algum impulso comum da paixão ou pelo interesse contrário aos direitos dos outros cidadãos, ou ao interesse constante e geral da comunidade".[46] Trata-se de um tema clássico do pensamento político ocidental, mas encontra na modernidade um novo significado na medida em que as facções são consideradas uma ameaça à soberania popular e à sua expressão no interesse comum. Bruce Ackerman, convertendo a análise dos federalistas para a linguagem atual, afirma que podemos falar de dois tipos de facções: as facções "ideológicas" ou "carismáticas", baseadas em paixões, e as baseadas em interesses privados.[47] As primeiras são formadas por um movimento estimulado por um sentimento aguçado diante de algum aspecto da realidade e são, de acordo com o pensador, de duração mais curta. O segundo tipo tem seus fundamentos nos interesses e são mais resistentes ao tempo porque refletem características essenciais da natureza humana. Nada impede que um grupo faccioso incorpore os dois tipos, mas a distinção é interessante porque permite avaliar os riscos que a predominância da parte sobre o todo faz pesar sobre o regime republicano.

É possível enxergar hoje o caráter quase premonitório dessa abordagem do problema político da divisão do corpo político em

45  Ibid., artigo 10, p. 77.
46  Ibid., artigo 10, p. 78, tradução livre.
47  B. Ackerman, *Au nom du peuple: les fondements de la démocratie américaine*, p. 242.

atores particulares opostos. No caso das facções "ideológicas", elas prosperaram não apenas no interior dos diversos extratos da sociedade, mas também no interior dos partidos e das instituições. A tempestade provocada pela adoção de ideologias particularistas nas sociedades contemporâneas mostra quão devastador pode ser o projeto de afirmar uma concepção particular da sociedade enquanto valor universal. É claro que a primeira coisa que vem à mente ao formular essa hipótese são os regimes totalitários. Mas a ação desse tipo de facção na cena pública tem diferentes gradações e não destrói imediatamente as instituições. Seja como for, sua existência desestabiliza o equilíbrio entre os poderes e ameaça a Constituição. O que talvez não estivesse previsto nos artigos dos federalistas é a intensidade que a luta das facções pode alcançar no interior dos poderes constituídos.

Para entender a radicalização induzida pelo tempo no campo das disputas entre facções, convém lembrar que o segundo tipo de facção baseado na "diversidade e desigualdade na distribuição da riqueza"[48] se tornou quase um elemento constitutivo das sociedades capitalistas. Em vista da situação atual de nossas democracias, especialmente daquelas que estão longe de uma consolidação, é imperativo reconhecer que elas são atravessadas por disputas decorrentes da luta pela posse dos meios materiais, que dissimulam as oposições com argumentos ideológicos. Essa combinação torna-se ainda mais sulfurosa quando nos lembramos que as sociedades atuais, a brasileira em particular, convivem com níveis escandalosos de desigualdade. Nesse contexto, as ações das facções formadas por interesses afetam não apenas a vida institucional, o que não é pouca coisa, mas a vida de largas camadas da população submetidas a condições materiais desastrosas. A existência de facções dentro do Estado, longe de ser um fenômeno de luta política ordinária, atinge o

---

48  A. Hamilton; J. Madison; J Jay, op. cit., artigo 10, p. 79.

núcleo estruturante da soberania popular. Estamos muito próximos dessa realidade no Brasil.

Retornemos às manifestações de junho de 2013. Muitas das demandas expressas pelos participantes das marchas eram legítimas e diziam respeito a problemas reais da população brasileira. Nesse sentido, expressavam a dimensão conflituosa que define o regime democrático e refletiam a necessidade e vontade de participação de amplos setores da população na vida pública. Isso se compreende à luz dos parâmetros teóricos usados ao longo do livro. Naquela época, uma reivindicação de autonomia, proveniente de setores marginalizados da sociedade, emergiu, e a busca de um sentido de comunidade, que parecia perdido após o refluxo dos movimentos sociais sob os governos do PT, apareceu em lugares tradicionalmente negligenciados pelo Estado.

Isso parecia indicar que 2013 seria o ano da afirmação democrática no Brasil e não o contrário. Como já apontado, não é possível analisar o que aconteceu naquele ano isoladamente. É importante observar o que aconteceu ao longo dos anos para arriscar uma interpretação dos acontecimentos. No meu modo de ver, o período aqui tratado não foi o da consolidação das instituições democráticas, mas o do seu enfraquecimento. A natureza fragmentária das reivindicações migrou para a vida política e a contaminou. O resultado mais direto de 2013 foi o surgimento ou o fortalecimento de um grande número de facções que, tendo como guia seus interesses particulares, contestaram abertamente o poder.

No campo das facções ideológicas, é possível identificar vários grupos que chegaram na cena pública para tentar impor seus valores e suas reivindicações como se fossem valores universais. Este é o caso, por exemplo, de várias igrejas pentecostais, que usaram deputados e senadores afiliados a elas para impor, no Congresso, as reivindicações regressivas no plano dos costumes, que atacavam diretamente as minorias e os grupos frágeis como os índígenas. Paralelamente, grupos como o Movimento Brasil Livre (MBL) começaram a defender valores e programas típicos dos partidos de direita, como a diminuição do Estado e a radicalização do liberalismo econômico inspirada nas políticas aplicadas na Inglaterra no período de Margaret Thatcher (1979-1990). O ódio à esquerda e às suas ideias, muitas vezes incompreendidas, tornou-se moeda corrente em setores importantes da classe média. Um exemplo pode ser encontrado nas associações profissionais de médicos que desencadearam uma verdadeira batalha contra o Programa Mais Médicos, destinado aos cidadãos mais pobres do país. Como muitos dos profissionais engajados eram de origem cubana, médicos brasileiros, com o apoio de suas associações de classe, foram até o aeroporto de Fortaleza para apupar seus colegas latino-americanos que chegavam para trabalhar junto a comunidades até então privadas de toda assistência médica.

Em termos dos interesses econômicos, grupos de parlamentares começaram a radicalizar a defesa de seus interesses privados e de suas facções sem se preocupar com o interesse comum. Foi o caso, por exemplo, dos representantes do setor agrícola e do comércio de armas. Jair Messias Bolsonaro tinha laços de longa data com a indústria de armas e prometeu, durante a campanha eleitoral, liberar a vendas de armamentos no país, mesmo diante do fato de que o Brasil é um dos países mais violentos do mundo. Por vezes, esses grupos agem juntos. Em outras, tentam comprar o apoio de membros do Congresso sem tentar convencer outros grupos políticos da legitimidade de suas posições.

Não há novidade na existência desses grupos de interesses e de reivindicações puramente ideológicas na vida política nacional. Como Sergio Abranches destacou, este é um traço marcante de nossa história democrática. O que mudou neste cenário é que, nos últimos anos, diversos grupos, movimentos e partidos se tornaram facções políticas. Em vez de lutar nas instituições, para fazer valer suas ideias, as facções ideológicas e as de interesses próprios passaram a se apropriar dos mecanismos estatais para fazer prevalecer seus pontos de vista a todo custo. Esse comportamento contaminou a sociedade civil, acentuando os conflitos políticos.

A natureza particular das reivindicações torna impossível a resolução dos conflitos uma vez que cada facção se comporta, como os federalistas previram, como se seus interesses fossem universais. Esse comportamento tornou-se ainda mais nocivo a partir do momento em que novos atores começaram a atuar no cenário público de acordo com a lógica de uma verdadeira guerra de facções. Tomemos, por exemplo, o Poder Judiciário. Em uma democracia, espera-se que ele possa servir de fórum para resolver conflitos segundo um acordo comum sobre a validade universal das leis do país. No decorrer dos últimos anos, no entanto, membros do Poder Judiciário passaram a se comportar como atores políticos, que não precisam prestar conta de seus atos quando estimam agir em nome do bem comum. Esse é o caso do juiz Sérgio Moro, responsável pela operação anticorrupção Lava Jato, que, em determinado momento, divulgou gravações ilegais de conversas privadas da presidente Dilma em nome de um suposto interesse comum. As recentes revelações feitas pelo site *The Intercept* mostram que esse era o padrão de atuação do magistrado.[49]

---

49 No curso de 2019, o site de jornalismo investigativo *The Intercept* publicou, em parceria com outros órgãos de imprensa, uma série de reportagens que mostravam que, no curso das investigações da operação Lava Jato, que viria condenar muitos membros do PT e vários empresários a severas penas de prisão, o juiz Sérgio Moro manteve uma relação com os procuradores fora do que está previsto na lei. Essa espécie de promiscuidade entre agentes públicos não apenas fez com o que o juiz Moro participasse diretamente das investigações, o que é proibido, mas que procurasse interferir na cena política divulgando dados das

Da mesma forma, membros do Supremo Tribunal Federal (STF) começaram a interferir diretamente na cena política em vez de se concentrar na defesa da Constituição e sua aplicação estrita. As sessões plenárias dos tribunais superiores se transformaram em verdadeira batalha de egos, cada ministro defendendo sua concepção da lei em vez de tentar entender o significado da Constituição. Na mesma linha, alguns meios de comunicação começaram a atuar também como facções, não apenas interpretando os acontecimentos, o que faz parte da missão da imprensa, mas influenciando seletivamente o curso da vida politica, de acordo com o que acreditam ser seus legítimos interesses. Vimos o mesmo comportamento, por exemplo, em 2013, quando jornalistas e atores ligados a grupos privados de comunicação incentivaram as pessoas a participar de manifestações que tinham por alvo o governo. Nos anos seguintes, o comportamento faccioso se confirmou pela cobertura desigual das manifestações contra ou a favor do governo. É claro que não há nada de errado em uma democracia, na qual não há um quase monopólio dos meios de comunicação, que um órgão de imprensa declare publicamente suas posições políticas. O problema surge quando esses órgãos tentam influenciar a vida política, agindo como órgãos de publicidade de interesses privados, desempenhando um papel político direto e ocupando um lugar normalmente atribuído aos partidos políticos.[50]

Outra forma de compreender o problema das facções está presente em Maquiavel. Diferentemente do moralismo que domina certas leituras atuais do problema da corrupção, o secretário florentino acreditava que uma sociedade corrupta é aquela

---

investigações em momentos chave da vida política nacional, como na véspera das eleições presidenciais de 2018.

50 V. A. Lima; J. Guimarães, *Liberdade de expressão: as várias faces de um desafio.*

que não mais preserva a liberdade como núcleo de suas instituições e não mais respeita a igualdade legal entre seus cidadãos. Para ele, a estabilidade de uma sociedade não se mede pela intensidade do conflito entre suas partes constitutivas, mas pela maneira como eles são resolvidos. De maneira sintética: uma sociedade livre é aquela na qual as disputas são canalizadas para as instituições legais, que evitam que a violência privada se imponha nas relações sociais. Sem o canal das leis e de sua expressão institucional, as lutas políticas se convertem em disputas privadas, retirando da Constituição, nos termos atuais, a capacidade de limitar o terreno de ação das partes que agem no interior de todos corpos políticos. Essa situação aparece em toda sua gravidade nas cidades que Maquiavel chama de "corruptíssimas", nas quais se pode ver a destruição da liberdade em seu mais alto grau. A corrupção, na acepção maquiavelista, atinge o coração das repúblicas. Ela marca a impossibilidade de se viver junto, tendo como baliza o conjunto de valores que coloca a liberdade no cerne do corpo político e tendo a noção de interesse comum como pilar de sustentação do edifício institucional.[51]

Em outras palavras, sociedades corrompidas vivem uma guerra de facções e não podem mais ser pensadas segundo princípios republicanos ou democráticos. Seus mecanismos de canalização dos conflitos não funcionam como deveriam, transformando a política num campo de luta aberto entre as partes. Se não podemos falar em guerra civil nessa situação, e se a noção de estado de exceção, que tem sido usada por muitos pensadores brasileiros, não descreve o fato de que o Estado foi colonizado por interesses particulares, talvez seja mais adequado introduzir, como fiz, o conceito de guerra de facções, para melhor caracterizar sua forma de existência. Deixando de lado o otimismo dos que acreditam numa evolução natural dos conflitos políticos, e

---

51 N. Machiavelli, *Discorsi sopra la prima deca di Tito Livio*, vol. i, i, 17, p. 243.

sem esposar um pessimismo radical, digo que no Brasil estamos diante de um estágio particular de degradação institucional.

Consciente de que não somos uma exceção no cenário político contemporâneo, constato que as instituições, embora possam continuar a existir, não conseguem mais frear o ímpeto das partes que ambicionam o poder. Elas se comportam como facções que colocam suas ambições e o desejo de mando acima de qualquer consideração de ordem universal, no plano moral, e o interesse comum, no plano político. Os diversos atores que participam da vida pública, aí compreendidos os partidos políticos, os corpos institucionais, os grupos econômicos, se colocam todos do ponto de vista do particular, negando até mesmo pertinência à evocação de uma dimensão universal da lei. Acreditando todos terem razões suficientes para ocupar cada vez uma parcela maior do poder, fazem do cenário político um terreno de guerra no qual só importam seus desejos particulares. A guerra de facções é a face visível da corrupção das sociedades democráticas-republicanas.

Seria difícil mapear as facções que atuam no cenário público brasileiro. Depois de mais de 130 anos da proclamação da República, o Brasil ainda luta para viver de maneira verdadeiramente republicana e democrática. Para dar um último exemplo dos efeitos da guerra de facções na vida política brasileira, observemos o lugar que a Constituição ocupou nos últimos anos na arena política. Se o eixo dos argumentos dos federalistas é a oposição entre interesses privados e interesse comum, devemos primeiro definir o que poderia ser o interesse comum dos brasileiros em um momento de crise. Se aceitarmos que a democracia é um regime em que vale a pena viver, e que na modernidade não podemos construir uma República democrática sem leis baseadas nos valores da liberdade e da igualdade entre os cidadãos, a Constituição deve ser o horizonte insuperável da nossa vida em comum. Para dizer de outra forma, em uma democracia, todos os componentes do corpo político devem fazer de tudo para apoiar as leis fundamentais do Estado, sem a qual somos forçados a concluir que a democracia não existe mais, ficando sem referências compartilhadas por todos para resolver nossas divergências.

Entre 2013 e 2018, as facções que disputaram o poder fizeram da Constituição um campo de batalha e não um baluarte contra a deterioração do estado de direito. Neste cenário, que ainda permanece, cada facção escolhe não apenas uma interpretação dos textos constitucionais, mas as que serão respeitadas de acordo com os interesses privados. Vemos, por exemplo, que a decisão de prender aqueles que ainda têm o direito de ter outro julgamento não é tomada de acordo com a Constituição, que proíbe o ato, mas em função das conjunturas políticas mais ou menos favoráveis para certos grupos políticos.[52] Sem entrar nos detalhes das sentenças particulares, é legítimo dizer que juízes de primeira instância, mas também o STF, agem sem levar em conta o fato de que não podemos pretender que todos os artigos da lei sejam sujeitos a interpretações divergentes sem pôr em perigo a existência do regime democrático. Assim, a condenação do ex-presidente Lula em um julgamento controverso acabou por ter um efeito direto sobre as eleições de 2018. Como ele foi preso antes de esgotar todos os recursos legais, não pôde concorrer nas eleições, o que desequilibrou o jogo democrático. Ninguém pode dizer qual teria sido o resultado da disputa eleitoral se ele tivesse podido participar, mas é claro que uma decisão judicial, sem respeito à letra da Constituição, interferiu diretamente no destino político do país.

---

52 A prisão depois do julgamento em segunda instância, quer dizer, pelos Tribunais Regionais (TJ), não está prevista na Constituição que, ao contrário, garante que o réu só será julgado culpado depois de esgotados todos os recursos a que tem direito pela lei.

# Rumo ao fascismo?

A eleição de Jair Bolsonaro para presidente da República no fim de 2018 marcou uma nova etapa no processo de transformação e de degradação da democracia brasileira. Em certo sentido, os comportamentos regressivos surgidos durante as manifestações de 2013, tais como o desejo de ver o retorno das Forças Armadas ao poder, a negação dos direitos das minorias oprimidas, o apego a um programa internacional longe da tradição de equilíbrio da diplomacia brasileira, dominou a vida política determinando uma expressiva vitória do pensamento de extrema direita. As acusações de misoginia, racismo e homofobia atribuídas ao presidente e a muitos de seus apoiadores são extraídas de declarações públicas e não deixam dúvidas quanto à sua veracidade e ao seu significado. Para continuar a refletir sobre o lugar das ideias democráticas na história da Terceira República, o desafio é resolver o enigma de um presidente eleito pelo povo que põe explicitamente em questão os pilares do regime democrático.

Olhemos primeiramente em direção do regime político que, no século passado, era o contraponto da democracia. Nos meses após a eleição de Bolsonaro, o fascismo voltou a fazer parte da vida política brasileira em conflitos retóricos, opondo pontos de vista divergentes sobre a crise que o país atravessava, mas também nas páginas dos jornais e em artigos científicos. Como em outros momentos históricos, chamar alguém de fascista implica situar o adversário no campo das ideias conservadoras ou reacionárias. De modo geral, na linguagem atual, o fascismo é o regime que menospreza a democracia, faz uso da violência para defender suas ideias e despreza certos comportamentos das camadas mais pobres da população. Esses sinais são visíveis em pessoas e grupos que atuam no cenário político brasileiro. Resta saber se a referência ao fascismo permite-nos compreender a situação atual, além da evidência de que partes da sociedade, incluindo setores das mídias e da justiça, concordam em ultrapassar o que eles chamam de obstáculos constitucionais para alcançar seus objetivos.

Não vivemos em um regime fascista no Brasil e, neste momento, não há um grupo político importante explicitamente ligado ao fascismo. Por que, então, deveríamos nos preocupar com um problema que está longe de nossa realidade imediata? Não seria mais simples limitar-se ao passado autoritário brasileiro e pensar que algo semelhante à ditadura militar pode se reproduzir sem nos referirmos a regimes totalitários?[53] Se compararmos o que está acontecendo hoje no país com o que aconteceu em outros países, é possível identificar elementos que estiveram presentes no nascimento de muitas experiências fascistas. Poderíamos utilizar o conceito de "populismo", que tem servido para explicar transformações na arena política em várias partes do mundo. Para utilizá-lo, porém, é preciso lembrar que, entre nós, o populismo, como já tive a ocasião de mostrar, refere-se, a princípio, ao modo de governar fundado na aliança entre a burguesia industrial, os trabalhadores organizados nas cidades e o presidente-ditador Getúlio Vargas, que soube tirar proveito desse arranjo de forças políticas para manter seu poder. Falar de populismo requer, assim, que eu seja capaz de fazer a ponte entre dois conceitos que não significam a mesma coisa. Por essa razão, preferi me referir ao fascismo.

Começo com a referência ao que o estudioso da política Roger Griffin chamou de "fascismo genérico". O conceito afirma que existe nos numerosos regimes fascistas do passado algo em comum e, podemos dizer, comum ao que acontece hoje no Brasil. Consequentemente, podemos nos perguntar se não estamos indo na mesma direção seguida no passado por vários

---

53 L. M. Schwarcz, *Sobre o autoritarismo brasileiro*; M. Chaui; *Manifestações ideológicas do autoritarismo brasileiro*.

países, quando setores importantes da sociedade estão dispostos a renunciar às conquistas democráticas, para defender teses extremas em matéria de política e no plano dos costumes. Recordemos: o fascismo é um regime de classe média. Se ele se identifica com as sociedades de massa, seu principal apoio político se situa nos estratos médios da sociedade, que se consideram prejudicados por ações do Estado e vivendo sob a pressão exercida pelas camadas mais pobres da população, que insistem em reivindicar direitos sociais e políticos. Como o historiador Robert Paxton sugere, antes que um partido fascista, ou movimento, ocupe o poder, há uma verdadeira "lava emocional" que se derrama pela sociedade e que condiciona as ações de muitos grupos. Vejo algumas dessas características no ativismo dos setores da classe média brasileira, associadas aos agentes das elites mais conservadoras. É claro que não há nada de errado na participação desses setores nas disputas políticas. Isso faz parte do jogo democrático, até que eles comecem a ameaçar a existência da democracia.

Muitos atores favoráveis à transformação radical das instituições compartilham o sentimento de pertencer a um grupo de vítimas da crise, que não pode ser resolvida pelos mecanismos institucionais tradicionais. Daí o desejo irresistível de derrubar a democracia, qualquer que seja o preço. Este grupo, por outro lado, é invadido pelo medo do declínio. A classe média tradicional odeia a ascensão dos setores considerados subalternos, pois receia que seus privilégios sejam engolidos pelo progresso da igualdade social. Ela se agarra à ideia de que está sendo privada de seu lugar natural na sociedade e, como muitos manifestantes diziam na campanha eleitoral de 2018, "eles querem seu país de volta". Os fascistas italianos usaram escritores como Gustave Le Bon e Vilfredo Pareto para desenvolver teorias sobre como tratar as massas e para afirmar que um governo de elite é o único capaz de enfrentar os desafios da era contemporânea. No nosso caso, setores da classe média, que difundem mensagens contra a corrupção em seus carros, nem precisam de referências eruditas, pois podem simplesmente contar com o sentimento paternalista e exclusivo de deter privilégios que, desde o Império, separa as classes dirigentes das classes populares. As elites econômicas e políticas, e parte significativa da classe média, composta em particular por profissionais liberais e por ocupantes dos três poderes, comportam-se como se algo lhes tivesse sido roubado e tivessem, assim, que recuperar o que já possuíam, mesmo tendo permanecido, de fato, a usufruir de uma situação econômica favorável em meio à crise pela qual passa o país. Como diz Paxton, eles estimam "a necessidade de uma integração mais estreita em uma comunidade mais pura, por consentimento, se possível, ou por violência eliminatória, se necessário".[54]

Os fascistas italianos criticavam o liberalismo e o comunismo e se apegavam de maneira agressiva a um nacionalismo com características que acreditavam poder regenerar o país. Os adeptos da ideologia de extrema direita no Brasil, ao contrário, não hesitam em se alinhar às concepções econômicas do neoliberalismo e suas propostas de destruição das instituições do Estado, porque imaginam que isso lhes será favorável. Mas receiam um comunismo fantasmático, que veem em todos os que parecem ameaçar sua posição privilegiada. Se é inegável que o PT cometeu graves erros, tanto na condução da política econômica quanto na participação de alguns de seus membros em escândalos de corrupção, é absolutamente ridículo compará-lo a um partido comunista tradicional ou mesmo a forças de esquerda mais radicais. Isso não diminui em nada o risco representado pelos ataques dirigidos por forças de extrema direita contra o "bolivarianismo comunista". Isso os torna ainda mais perigosos porque, apoiando-se em uma ideologia medíocre e sem consistência, agem de tal

---

54 R. O. Paxton, *Le fascisme en action*, p. 137, tradução livre.

maneira que não parecem hesitar em partir para a eliminação pura e simples de seus adversários, se for assim necessário para alcançar seus objetivos. Para esses atores, o PT, como o Partido Socialista Italiano dos anos 1920, deve ser erradicado do cenário político para que a "pureza" reine. Deixemos de lado o fato óbvio de que a corrupção é suficientemente difundida em todos os setores da vida política para ser atribuída a um único partido político. Aqueles que sonham com um Estado ao mesmo tempo reduzido e capaz de reprimir a esquerda imaginam que, ao liquidar oponentes visíveis "aninhados no poder", as coisas vão "voltar a ser o que eram". Nesse sentido, tudo é permitido, quando se trata de eliminar a esquerda da vida política.

Esse comportamento traz a violência para o centro da vida política do país. As classes populares há muito tempo são submetidas a um cotidiano de extrema dureza.[55] Das cerca de 60 mil mortes violentas ocorridas a cada ano no Brasil, uma parcela significativa é de habitantes das comunidades pobres, na maior parte jovens negros, ameaçadas pelo banditismo e pela polícia. Essa violência naturalizada começa a se espalhar por novos horizontes. As ameaças que pesam sobre artistas, intelectuais, opositores ao novo governo, como mostra o assassinato da vereadora Marielle Franco, no Rio de Janeiro (março de 2018), estão se espalhando pelas ruas e campos do Brasil. Os perpetradores das ameaças são pessoas conhecidas que nem sequer são incomodadas. Se isso pode acontecer com pessoas conhecidas de vários meios, é necessário refletir sobre o que os cidadãos comuns podem fazer, quando a Justiça é muitas vezes conivente com os agressores e faz pouco caso de violações da Constituição.

A referência aos regimes fascistas é importante porque eles fazem parte do horizonte de possibilidades de resolução dos problemas enfrentados pelas sociedades capitalistas de massa,

---

55  L. M. Schwarcz, op. cit., p. 152-173.

que não conseguem preservar os ganhos típicos das repúblicas democráticas baseadas na liberdade e na igualdade. Dizer, como alguns gostariam, que nossa história recente é muito diferente da de sociedades como a italiana do começo do século xx, e que a referência a outras experiências não é necessária para pensar a crise atual, é puro truísmo. Todas as sociedades históricas são diferentes umas das outras. Se não pudermos usar o que aprendemos com o passado, simplesmente não poderemos desenvolver um conhecimento da política, porque o presente seria o único domínio de nossas experiências e estaríamos condenados ao cacarejar das opiniões.

Para fazer um balanço do progresso do fascismo no Brasil, irei escolher certos parâmetros para ajudar na tarefa. As análises do especialista italiano Emilio Gentile fornecem um conjunto de referências pertinentes para os estudos aqui desenvolvidos. Para ele, é necessário levar em conta três dimensões da implantação do fascismo na vida pública de um país, para se entender o processo de substituição da democracia por um regime de partido único.[56] A primeira dimensão é a organizacional. Ela implica a existência de um movimento de massas, guiado por líderes altamente motivados, oriundos geralmente da classe média. Militantes se reúnem ao redor de um partido miliciano, e se consideram "investidos de uma missão de regeneração social" em guerra contra adversários políticos que devem ser eliminados da cena pública.[57] A segunda dimensão é a cultural. Trata-se, sobretudo, da dimensão ideológica que está na origem dos discursos e das práticas de intimidação dos inimigos, que se recusam a compartilhar as ideias apoiadas pelos novos senhores do poder.[58] Em terceiro lugar está a dimensão institucional. Aqui,

---

56 E. Gentile, *Qu'est-ce que le fascisme?: histoire et interprétation*.
57 Ibid., p. 120.
58 Ibid., p. 121.

trata-se do lugar que ocupa em um regime fascista um "aparato policial, que previne, controla e reprime, inclusive recorrendo ao terror organizado, toda forma de dissensão e de oposição".[59] Nesta dimensão se encontra especialmente "um partido único, cuja função é garantir, através de sua milícia, a defesa armada do regime, entendido como o conjunto das novas instituições públicas criadas pelo movimento revolucionário".[60]

Começando pela terceira dimensão, fica claro que não podemos falar de um partido que conquistou o Estado e que pretende controlá-lo totalmente. O presidente Bolsonaro foi eleito quase sem o apoio de um verdadeiro partido. Ao seu redor, encontravam-se pequenos movimentos extremistas, que utilizaram eficazmente as novas ferramentas da internet, mas que não podem ser assimilados a uma organização revolucionária. Da mesma forma, o aparato policial, que em muitas partes do país parece fora do controle das autoridades, não pode ser associado a um plano claro de poder exercido por um partido único, ainda que cometa sucessivos atos de violação da lei e das garantias individuais, sobretudo quando se trata de cidadãos pobres das periferias, ou de membros de movimentos como o Movimento dos Trabalhadores Rurais Sem Terra (MST).

Se pensarmos na primeira dimensão, é possível identificar na cena pública a presença de uma nova classe média militante, que soube utilizar o espírito de protesto nascido das manifestações de 2013, mas que não deu origem a uma milícia partidária, como vemos em outras experiências fascistas. Esses grupos puderam trabalhar eficazmente para a vitória de Bolsonaro, mas não dispunham de uma organização suficientemente poderosa para tomar de assalto o Estado brasileiro e transformá-lo radicalmente. O sucesso das eleições não reflete a capacidade de

59 Idem, tradução livre.
60 Ibid., p. 121-122.

um grupo político capaz de expulsar, no curto prazo, outros partidos, ou mesmo movimentos sociais, do cenário político. Se a repressão de grupos dissidentes começou no primeiro dia do novo governo, ele ainda deve recorrer a mecanismos repressivos tradicionais para levar adiante sua política de desmantelamento das organizações estatais e da sociedade civil. A ausência de uma milícia a serviço de um projeto de poder radical freia as ações que os membros do governo gostariam de conduzir sem respeitar a Constituição. A existência de milícias nas periferias das grandes cidades brasileiras não pode ser confundida com o papel político que essas organizações tiveram na Itália fascista. É claro que a fusão dos dois fenômenos pode vir a ocorrer num momento posterior, mas o que assistimos no Brasil hoje é a formação de novas estruturas criminosas que disputam o poder local com outras organizações do mesmo tipo, mas que não se associaram de forma explícita a um partido no poder. O assassinato de Marielle Franco mostra que já existem conexões entre a esfera criminal e a esfera política que geram apreensões, mas não podemos igualar as milícias fascistas, que agiam à luz do dia, aos grupos criminosos atuais.

É na segunda dimensão, a dimensão cultural, que o fascismo fez o progresso mais acentuado no Brasil. Como vimos, as ideias associadas aos atuais movimentos de extrema direita circulam amplamente entre os partidários do novo governo. Não existe uma ideologia clara associada a um movimento político ligado ao presidente Bolsonaro. Os discursos de seus partidários e seus próprios discursos estão semeados de ideias díspares sustentadas por ideólogos pouco capazes de formular raciocínios mais ou menos lógicos. Isso não impediu, no entanto, que essas ideias se espalhassem na sociedade e inspirassem ações governamentais. Por exemplo, desde o início de 2019, o Brasil tem apoiado diretrizes internacionais que não faziam parte de sua agenda tradicional, como a recusa do tratado das Nações Unidas sobre a imigração. Bolsonaro e seus assessores mais próximos desejam ardentemente difundir uma ideologia radical, que satisfaça a sede de mudança expressa por seus partidários desde sua eleição para a presidência, mesmo que tenham dificuldade em apresentar um discurso coerente sobre temas importantes da atualidade. Apesar disso, digo que é no campo da ideologia que o novo regime tentou, até agora, aproximar-se dos antigos regimes fascistas. Essa abordagem, no entanto, tem seus limites e é semeada de contradições.

A primeira contradição vem do fato de que o presidente não controla um partido poderoso o suficiente que lhe permita colocar suas ideias em prática. Forçado a negociar com os outros partidos, Bolsonaro e seu grupo têm de ceder e fazer concessões maiores do que seus seguidores mais radicais desejam. A outra contradição importante está no fato de que, como Gentile assinala, "o fascismo foi, sobretudo, uma ideologia do Estado, da qual ela afirmava a realidade irredutível e totalitária".[61] Ora, já na composição de seu governo, o novo presidente escolheu ministros claramente comprometidos com o programa neoliberal, que defende a redução do Estado e uma forma de individualismo radical, longe das ideologias fascistas tradicionais. Além disso, o componente nacionalista presente nos discursos oficiais do governo, que tem por lema "Pátria amada Brasil", está longe da prática inicial de um governo que tem se comprometido a vender o maior número possível de empresas estatais e estabelecer ligações diretas com os Estados Unidos e suas políticas no cenário internacional.

A análise da composição do governo Bolsonaro mostra que ele gravita em torno de pelo menos três importantes núcleos de poder. O primeiro é composto por oficiais de reserva das Forças Armadas que ocuparam posições importantes, sobretudo ligadas

---

61 Ibid., p. 136, tradução livre.

ao desenvolvimento das infraestruturas. O segundo núcleo de poder era formado pelo ex-juiz Sérgio Moro, responsável pelo Ministério da Justiça e encarregado de aplicar uma política de luta contra a corrupção e o crime organizado. Ele tinha, como tarefa, aumentar o poder repressivo do Estado, mas enfrentou resistências dentro do Congresso que ele não supunha existir, além de um forte desgaste provocado pela divulgação de conversas comprometedoras com membros do Ministério Público associados à Operação Lava Jato. Confrontado com as dificuldades de implementar suas ideias e com as pressões do presidente Bolsonaro, Moro acabou deixando o governo de formar ostensiva, qualificando-se para a vida política que ele dizia rejeitar. Finalmente, a equipe econômica do governo está encarregada de executar um programa liberal capaz de desregulamentar ainda mais a economia brasileira em benefício do grande capital financeiro. Com a pandemia de 2020, muitos de seus objetivos de destruição do Estado tiveram de ser adiados, mas nada indica que serão abandonados, caso as condições sociais e políticas do país venham permitir sua continuidade. Por fim, resta lembrar a presença, próxima ao presidente, de um grupo que se pode chamar de ideológico e que, por meio da difusão de ideias confusas e radicais, influencia o comportamento de vários setores do governo, como na condução da política internacional, que fez o Brasil assumir posições na ONU em relação ao meio ambiente, por exemplo, contrárias às decisões anteriores da diplomacia brasileira e que têm levado os representantes brasileiros nos órgãos da entidade a repudiar todas as críticas à destruição da floresta amazônica. A impressão é que Bolsonaro trouxe para o centro do poder a guerra de facções que dominou e contribuiu para enfraquecer a arena política democrática brasileira nesses últimos anos.

É impossível saber se a presença de ideias fascistas em setores da classe média brasileira levará à instauração de um regime político extremo no país. Com exceção daqueles que acreditam que a história é governada por leis imutáveis, nosso destino político é conduzido por atores que participam e se engajam na arena pública. Para que o fascismo tenha sucesso, o processo de degradação de nossas instituições democráticas deve ser acelerado e radicalizado a ponto de criar uma ruptura definitiva com o estado de direto, que se encontra ameaçado. Para os que pensam que falar de fascismo no Brasil hoje é um exercício fútil de imaginação política, devo lembrar que, se perguntássemos a um italiano, em 1919, se era possível que Mussolini tomasse o poder, a resposta seria um categórico não ou um riso alto. Os fascistas tiveram péssimos resultados nas eleições daquele ano e seu líder parecia perdido quanto à orientação a dar a seu movimento. Em outubro de 1922, pouco mais de dois anos depois do primeiro fiasco, ele assumiu o controle de setores importantes da classe média, atacou os sindicatos revolucionários e aterrorizou a população com seus esquadrões criminosos. Embevecido pelo sucesso de suas táticas, Mussolini liderou a Marcha sobre Roma, com sua milícia vestida com camisas pretas. O *Duce* tinha tido sucesso em sua jogada e permaneceria fortemente presente na vida política italiana e europeia por muitos anos. Não podemos dizer se Bolsonaro e seus amigos permanecerão no poder por muito tempo, ou se fracassarão em suas tentativas de mudar as instituições democráticas. Parece-me, para concluir nossa jornada, que chegou o momento de pensar a democracia a partir de seus inimigos. Incapaz de levar a cabo a construção de um regime democrático estável no decorrer dos últimos 130 anos, resta saber se o país saberá defender as conquistas da Terceira República.[62]

---

62  E. Gentile, *Soudain le fascisme.*

# Conclusão
## Uma procura ainda em curso

Em 1º de janeiro de 2019, Bolsonaro deu início ao seu mandato de quatro anos como presidente do país, após ter vencido as eleições que não deixaram de provocar polêmicas na sociedade brasileira quanto à natureza do novo poder. Quase ao mesmo tempo, um grupo de intelectuais de todas as tendências políticas publicou alguns livros que, mais uma vez, repetiram a pergunta feita no longínquo ano de 1954 por Florestan Fernandes: a democracia está em risco?[1] Não há como, neste momento, responder de maneira definitiva a essa pergunta. Os autores desses livros oferecem análises diversificadas e bem fundamentadas sobre a crise, mas nenhum deles se arrisca a predizer o futuro imediato do país. Também não há aqui a intenção de propor um diagnóstico definitivo sobre a atual situação política e uma previsão do futuro do Brasil. Parece-me mais realista aceitar que os destinos do país estejam abertos e serão decididos pelos atores que compõem o quadro complexo de nossa cena política.

Concluo este percurso histórico e analítico afirmando que as experiências de implantação do regime democrático se mostraram frágeis e submetidas aos efeitos de forças sociais e políticas

---

1 A. Singer et al., *Democracia em risco?*; H. M. Starling et al. (orgs.), *Pensando a democracia, a República e o estado de direito no Brasil*; L. Avritzer, *O pêndulo da democracia*.

incapazes de resolver suas diferenças através do uso das instituições calcadas nas diversas Constituições que conhecemos ao longo do século passado. Os conflitos sempre tenderam a escapar dos limites da lei para se tornarem uma luta impiedosa pelo controle dos mecanismos e dos recursos do Estado. A participação popular na vida política brasileira, historicamente limitada, apesar de ter se intensificado nas últimas décadas, não se revelou forte o suficiente para conter a crise democrática, apontando para o caráter restrito que o regime republicano sempre teve entre nós. Da mesma forma, a incapacidade que o país demonstrou de reduzir as desigualdades com o passar do tempo e a persistência das elites em não querer compartilhar o poder com amplas camadas da sociedade, denotam a natureza entrópica dos regimes implantados no país ao longo de mais de um século de experiência republicana.

Esse fato se refletiu na maneira como pensadores brasileiros abordaram a questão democrática ao longo do tempo. Se, como é de costume, tivéssemos acompanhado o pensamento político e social brasileiro a partir do referencial exclusivamente liberal, teríamos sido levados a concluir que a reflexão sobre a democracia sempre foi anêmica entre nós e incapaz de construir um conjunto sistemático de conceitos. Quando escolhi examinar o problema do ponto de vista do aparato conceitual republicano, não pensava apontar um erro fundamental nas pesquisas dos que até hoje se interessaram pelo assunto. Tampouco penso em abandonar o que foi feito ao longo dos tempos para propor uma leitura inteiramente nova da história das ideias democráticas no Brasil. A intenção foi, desde o início, realizar análises ancoradas no que havia sido feito por estudiosos da história intelectual brasileira, para, depois, ampliar o campo de investigação do assunto que nos interessa.

Nesse caminho, ficou evidente que existe no Brasil uma reflexão sobre a democracia que está longe de ser insignificante. Realizada em situações políticas instáveis, constantemente confrontada com os limites dos regimes democráticos implantados no país, ela foi construída em filigrana, através das lacunas de uma rica história intelectual, centrada nas dificuldades que sempre povoaram nossa vida política. É verdade que pensadores de todas as linhagens teóricas tenderam a acentuar as dificuldades de implantação do regime republicano democrático nos país em vez de analisar seus desdobramentos internos. Essa maneira de proceder gerou o que poderíamos chamar de pensamento negativo da democracia. Ao mesmo tempo, porém, encontrei em inúmeros pensadores um esforço real de reflexão para pensar a realidade nacional a partir de conceitos como participação, conflito, identidade, igualdade, em contextos muito diferentes daqueles que os viram nascer. Aqui reside a força dos nossos pensadores.

A experiência republicana brasileira, com seus limites e peculiaridades, deu origem a um pensamento rico em nuances e respeitoso das especificidades de nossa experiência histórica. Para dar um exemplo, antes de finalizar: o tema da identidade, que na modernidade foi pensado a partir do mote da revolução, encontrou uma nova formulação entre nós, marcada pela sobrevivência dos efeitos da colonização, que não fazia parte do caminho teórico dos pensadores europeus que trataram da fundação de novos corpos políticos. Isso obrigou nossos pensadores a abordarem questões como a igualdade, a autonomia e a construção da identidade de maneira diferente da tradição intelectual da qual tinham partido, sendo levados, muitas vezes, a construir caminhos teóricos originais. Muitos dos intérpretes do Brasil seguiram por essa via e constituíram os clássicos que ainda hoje dialogam com nossos cientistas sociais, historiadores, filósofos que meditam sobre os rumos do país.

Esse curso intelectual sinuoso, criativo e original foi, portanto, o cerne dessa abordagem. Que ela possa contribuir para a reflexão sobre a questão republicana e democrática em situações em que o risco de colapso das instituições fez parte da vida nacional, permanecendo no centro de nossas preocupações com os destinos do país.

# Referências bibliográficas

ABRANCHES, Sérgio. "Presidencialismo de coalizão: o dilema institucional brasileiro". *Dados – Revista de Ciências Sociais*, vol. 31, n⁰ 1, 1988, p. 5-33.

_____ . *Presidencialismo de coalizão: raízes e evolução do modelo político brasileiro*. São Paulo: Companhia das Letras, 2018.

ACKERMAN, Bruce. *Au nom du peuple: les fondements de la démocratie américaine*. Paris: Calmman-Levy, 1998.

ADVERSE, Helton. "Maquiavel, a República e o desejo de liberdade", *Trans/Form/Ação*, vol. 30, n⁰ 2, 2007, p. 33-52.

_____ . *Maquiavel: política e retórica*. Belo Horizonte: Editora UFMG, 2009.

ALMEIDA, Martins de. *Brasil errado*. Rio de Janeiro: Schmidt, 1932.

ALMEIDA, Rodrigo de. *À sombra do poder: bastidores da crise que derrubou Dilma Rousseff*. Rio de Janeiro: Leya, 2016.

ALONSO, Angela. *Ideias em movimento: a geração 1870 na crise do Brasil-Império*. Rio de Janeiro: Paz e Terra, 2002.

_____ . *Joaquim Nabuco: os salões e as ruas*. São Paulo: Companhia das Letras, 2007.

_____ . "Joaquim Nabuco: o crítico penitente", in BOTELHO, André; SCHWARCZ, Lilia Moritz (orgs.). *Um enigma chamado Brasil*. São Paulo: Companhia das Letras, 2009, p. 60-73.

_____ . *Flores, votos e balas: o movimento abolicionista brasileiro (1868-88)*. São Paulo: Companhia das Letras, 2015.

_____ . "Protestos em São Paulo de Dilma a Temer", in BOTELHO, André; STARLING, Heloisa Murgel (orgs.). *República e democracia: impasses do Brasil contemporâneo*. Belo Horizonte: Editora UFMG, 2017, p. 413-424.

_____ ; ESPADA, Heloisa (orgs.). *Conflitos*. São Paulo: Instituto Moreira Salles, 2017.

AMARAL, Azevedo. *O Estado autoritário e a realidade nacional*. Brasília: Câmara dos Deputados/UNB, 1981.

AMES, José Luiz. "Liberdade e conflito: o confronto dos desejos como fundamento da ideia de liberdade em Maquiavel", *Kriterion*, nº 119, 2009, p. 179-196.

ARAÚJO, Cícero. *A forma da República: da constituição mista ao Estado*. São Paulo: Martins Fontes, 2013.

ARENDT, Hannah. *Essai sur la Révolution*. Paris: Gallimard, 1967.

_____ . *Sobre a revolução*. Trad. Denise Bottmann. São Paulo: Companhia das Letras, 2011.

ARRUDA, Maria Arminda do Nascimento. "Florestan Fernandes: vocação científica e compromisso de vida", in BOTELHO, André; SCHWARCZ, Lilia Moritz (orgs.). *Um enigma chamado Brasil*. São Paulo: Companhia das Letras, 2009, p. 310-323.

_____ . "A sociologia de Florestan Fernandes", *Tempo Social, revista de sociologia da USP*, vol. 22, nº 1, 2010, p. 9-27.

ASSIS BRASIL, Joaquim Francisco. *Democracia representativa*. Rio de Janeiro: Leuzinger, 1893.

_____ . *Ditadura, parlamentarismo, democracia*. Porto Alegre: Globo, 1908.

AVRITZER, Leonardo. *Democracy and the public space in Latin America*. Princeton: Princeton University Press, 2002.

_____ . "Democracia no Brasil: do ciclo virtuoso à crise política aberta", in BOTELHO, André; STARLING, Heloisa Murgel (orgs.). *República e democracia: impasses do Brasil contemporâneo*. Belo Horizonte: Editora UFMG, 2017, p. 19-30.

_____ . *O pêndulo da democracia*. São Paulo: Todavia, 2019.

_____; MILANI, Carlos R. S.; BRAGA, Maria do Socorro. *A ciência política no Brasil*. Rio de Janeiro: Editora da FGV, 2016.

_____; FILGUEIRAS, Fernando (orgs.). *Corrupção e sistema político no Brasil*. Rio de Janeiro: Civilização Brasileira, 2011.

BARBOSA, Rui. *Finanças e política da República*. Rio de Janeiro: Companhia Impressora, 1892.

BARROS, Alberto Ribeiro de. *Republicanismo inglês: uma teoria da liberdade*. São Paulo: Discurso Editorial, 2015.

_____. *Republicanismo inglês: Sidney e a semântica da liberdade*. São Paulo: Discurso Editorial, 2018.

BATAILLON, Gilles. *Réflexions sur l'interprétation de la démocratie chez Claude Lefort*. Paris: Mimeo, 2019.

BENZAQUEN DE ARAÚJO, Ricardo. *Guerra e paz: Casa-grande e senzala e a obra de Gilberto Freyre nos anos 30*. Rio de Janeiro: Editora 34, 2005.

BERLIN, Isaiah. *Liberty*. Oxford: Clarendon Press, 2002.

BIGNOTTO, Newton. "Corrupção e estado de direito", in AVRITZER, Leonardo; ANASTASIA, Fátima (orgs.). *Reforma política no Brasil*. Belo Horizonte: Editora UFMG-PNUD, 2006, p. 82-86.

_____. *As aventuras da virtude: as ideias republicanas na França do século XVIII*. São Paulo: Companhia das Letras, 2010.

_____. "Hannah Arendt e a Revolução Francesa", in *O que nos faz pensar*, vol. 29, 2011, p. 41-58.

BIGNOTTO, Newton (org.). *Pensar a República*. Belo Horizonte: Editora UFMG, 2000.

_____. *Matrizes do republicanismo*. Belo Horizonte: Editora UFMG, 2013.

BOMFIM, Manoel. *A América Latina: males de origem*. Rio de Janeiro: Topbooks, 2005.

BOTELHO, André. "Manoel Bomfim: um percurso da cidadania no Brasil", in BOTELHO, André; SCHWARCZ, Lilia Moritz (orgs.). *Um enigma chamado Brasil*. São Paulo: Companhia das Letras, 2009, p. 118-130.

BRANDÃO, Carlos Antônio Leite. *Arquitetura, humanismo e República: a atualidade de Leon Battista Alberti*. Belo Horizonte: Editora UFMG, 2016.

BUCCI, Eugênio. "Violência na linguagem: a forma bruta dos protestos", in NOVAES, Adauto (org.). *Fontes passionais da violência*. São Paulo: Edições Sesc São Paulo, 2015, p. 409-438.

_____. *A forma bruta dos protestos*. São Paulo: Companhia das Letras, 2016.

CAMPOS, Milton. *Compromisso democrático*. Belo Horizonte: Secretaria da Educação do Estado de Minas Gerais, 1951.

CANDIDO, Antonio. *Formação da Literatura Brasileira*. Belo Horizonte/São Paulo: Itatiaia, 2000, 2 vols.

_____. "O significado de *Raízes do Brasil*", in HOLANDA, Sérgio Buarque de. *Raízes do Brasil*. São Paulo: Companhia das Letras, 2002, p. 9-22.

CARDOSO, Fernando Henrique. *Autoritarismo e democratização*. Rio de Janeiro: Paz e Terra, 1975.

CARDOSO, Sérgio. *Retorno ao republicanismo*. Belo Horizonte: Editora UFMG, 2004.

_____. "Em direção ao núcleo da obra Maquiavel: sobre a divisão civil e suas interpretações", *Discurso*, vol. 45, nº 2, 2014, p. 207-248.

_____. *Paradigmas republicanos: figuras greco-romanas do regime misto e a ruptura maquiaveliana*. Tese de Livre-Docência, Departamento de Filosofia. São Paulo, USP, 2018.

CARVALHO, José Murilo de. *A formação das almas: o imaginário da República no Brasil*. São Paulo: Companhia das Letras, 2001.

_____. *Os bestializados: o Rio de Janeiro e a República que não foi*. São Paulo: Companhia das Letras, 2001.

_____. *Cidadania no Brasil: o longo caminho*. Rio de Janeiro: Civilização Brasileira, 2002.

_____. *A construção da ordem*. Rio de Janeiro: Civilização Brasileira, 2007.

_____. "República, democracia e federalismo: Brasil, 1870-1891". *Varia História*, vol. 27, nº 45, jan.-jun., 2011, p. 141-157.

_____. *"Clamar e agitar sempre": os radicais da década de 1860*. Rio de Janeiro: Topbooks, 2018.

_____. *O pecado original da República*. Rio de Janeiro: Bazar do Tempo, 2017.

CARVALHO, Laura. *Valsa brasileira: do boom ao caos econômico*. São Paulo: Todavia, 2018.

CARVALHO, Maria Alice Rezende de. "Algumas notas sobre a institucionalização universitária da reflexão política no Brasil", in PAIVA, Márcia de; MOREIRA, Maria Ester (orgs.). *Cultura. Substantivo plural*. Rio de Janeiro: Editora 34, 1996, p. 19-33.

_____ ; MELO, Manuel Palacios Cunha, L. W. Vianna. "Cientistas sociais e vida pública", *Dados – Revista de Ciências Sociais*, vol. 37, nº 3 (número especial), 1994, p. 351-509.

CHAUI, Marilena. "A questão democrática", in *Cultura e democracia: o discurso competente e outras falas*. São Paulo: Moderna, 1981, p. 85-110.

_____. *Manifestações ideológicas do autoritarismo brasileiro*. Belo Horizonte: Autêntica, 2013.

COUTINHO, Carlos Nelson. *A democracia como valor universal*, in SILVEIRA, Ênio (org.). *Encontros com a civilização brasileira*. Rio de Janeiro: Civilização Brasileira, 1979, p. 33-47.

CUNHA, Euclides da. *Os sertões*. Rio de Janeiro: Francisco Alves Editora, 1979.

DAHL, Robert A. *Poliarquia: participação e oposição*. São Paulo: Edusp, 2005.

FALCÃO, Luis. *Maquiavel, Montesquieu e Madison: uma tradição republicana em duas perspectivas*. Rio de Janeiro: Azougue, 2013.

FAORO, Raymundo. *Os donos do poder: formação do patronato político brasileiro*. São Paulo: Globo, 2001.

_____. *A República inacabada*. São Paulo: Globo, 2007.

FARIA, Luiz de Castro. *Oliveira Vianna: de Saquarema à alameda São Boaventura, 41 – Nitéroi*. Rio de Janeiro: Relume-Dumará, 2002.

FAUSTO, Boris (org.). *O Brasil republicano: estrutura de poder e economia (1889-1930)*. São Paulo: Difel, 1977.

_____. *História do Brasil*. São Paulo: Edusp, 1994.

_____. *A Revolução de 1930: historiografia e história*. São Paulo: Companhia das Letras, 2000.

_____. *Getúlio Vargas*. São Paulo: Companhia das Letras, 2006.

FERES JÚNIOR, João (org.). *Léxico da história dos conceitos políticos do Brasil*. Belo Horizonte: Editora UFMG, 2009.

FERNANDES, Florestan. Palestra proferida no Instituto Brasileiro de Economia, Sociologia e Política, Ministério da Educação, 28 jun. 1954. *Revista Anhembi*, ano IV, vol. XVI, nº 48, 1954, p. 450-471.

_____. "Existe uma crise da democracia no Brasil?", in *Mudanças sociais no Brasil*. São Paulo: Difel, 1960, p. 107-135.

_____. *A revolução burguesa no Brasil*. 2ª ed. Rio de Janeiro: Zahar, 1976.

_____. *A sociologia em uma era de revolução social*. 2ª ed. Rio de Janeiro: Zahar, 1976.

_____. *Que tipo de República?* São Paulo: Brasiliense, 1986.

FILGUEIRAS, Fernando. *Corrupção, democracia e legitimidade*. Belo Horizonte: Editora UFMG, 2008.

FORJAZ, Maria Cecília Spina. *Tenentismo e política: tenentismo e camadas médias urbanas na crise da Primeira República*. Rio de Janeiro: Paz e Terra, 1977.

FREYRE, Gilberto. *Casa-grande e senzala*. Rio de Janeiro: Record, 1989.

FREUD, Sigmund. *Psychologie de masse et analyse du moi*. Paris: Éditions Point, 2014.

GENTILE, Emilio. *Qu'est-ce que le fascisme?: histoire et interprétation*. Paris: Gallimard, 2004.

_____. *Soudain le fascisme*. Paris: Gallimard, 2012.

GOMES, Angela de Castro. *A invenção do trabalhismo*. Rio de Janeiro: Editora da FGV, 2005.

_____. "Oliveira Vianna: um *statemaker* na Alameda São Boaventura", in BOTELHO, André; SCHWARCZ, Lilia Moritz (orgs.). *Um enigma chamado Brasil*. São Paulo: Companhia das Letras, 2009, p. 151-153.

GUIMARÃES, Juarez. *Democracia e marxismo*. São Paulo: Xamã, 1999.

_____. *Raymundo Faoro e o Brasil*. São Paulo: Fundação Perseu Abramo, 2009.

HAMILTON, Alexander; MADISON, James; JAY, John. *The Federalist Papers*. New York: New American Library, 1961.

HANKINS, James (org.). *Renaissance Civic Humanism*. Cambridge: Cambridge University Press, 2000.

HOLANDA, Sérgio Buarque de. *Visão do paraíso*. São Paulo: Brasiliense, 1999.

_____. *História geral da civilização brasileira*. Rio de Janeiro: Bertrand Brasil, 1997, t. II: O Brasil monárquico, vol. 7: Do Império à República.

_____. *Raízes do Brasil*. São Paulo: Companhia das Letras, 2002.

IANZITI, Gary. *Writing History in Renaissance Italy. Leonardo Bruni and the uses of the past*. Cambridge: Harvard University Press, 2012.

JAGUARIBE, Hélio et al. *Brasil, sociedade democrática*. Rio de Janeiro: José Olympio, 1985.

JASMIN, Marcelo. *Alexis de Tocqueville: a historiografia como ciência da política*. Rio de Janeiro: Access, 1997.

KONDER, Leandro. *História das ideias socialistas no Brasil*. Rio de Janeiro: Expressão Popular, 2003.

LAMPEDUSA, Giuseppe Tomasi di. *O leopardo*. São Paulo: Companhia das Letras, 2010.

LEAL, Victor Nunes. *Coronelismo, enxada e voto: o município e o regime representativo no Brasil*. São Paulo: Companhia das Letras, [1948] 2012.

LEFORT, Claude. *Le travail de l'œuvre Machiavel*. Paris: Gallimard, 1972.

_____. *Éléments d'une critique de la bureaucratie*. Paris: Gallimard, 1979.

_____. *L'invention démocratique*. Paris: Fayard, 1981.

LESSA, Renato. *A invenção republicana*. Rio de Janeiro: Topbooks, 1999.

_____. "Da interpretação à ciência: por uma história filosófica do conhecimento político no Brasil", *Lua Nova – Revista de Cultura e Política*, nº 82, 2011, p. 17-59.

**255**

LIEDKE FILHO, Enno D. "A sociologia no Brasil: história, teorias e desafios". *Sociologias*, Porto Alegre, ano 7, nº 14, jul./dez. 2005, p. 376-437.

LIMA, Luiz Costa. *Terra ignota: a construção de* Os Sertões. Rio de Janeiro: Civilização Brasileira, 1997.

LIMA, Venicio Artur de; GUIMARÃES, Juarez (orgs.). *Liberdade de expressão: as várias faces de um desafio*. São Paulo: Paulus, 2013.

LIMONGI, Fernando. "Presidencialismo e governo de coalizão", in AVRITZER, Leonardo; ANASTASIA, Fátima (orgs.). *Reforma política no Brasil*. Belo Horizonte: Editora UFMG-PNUD, 2006, p. 240-249.

LUA NOVA. Revista de Cultura e Política, nº 51, 2000.

MACHIAVELLI, Niccolò. "Discorsi sopra la prima deca di Tito Livio", in *Opere*. Paris/Torino: Einaudi-Gallimard, 1997. 3 vols.

MAGALHÃES, Fabrina. *O discurso humanista de Erasmo de Rotterdam: uma retórica da interioridade*. Rio de Janeiro: Navona, 2009.

MARÇAL BRANDÃO, Gildo, "O Partido Comunista como 'esquerda positiva'", *Lua Nova – Revista de Cultura e Política*, nº 35, 1995, p. 183-208.

_____. "Linhagens do pensamento político brasileiro", *Dados – Revista de Ciências Sociais*, Rio de Janeiro, vol. 48, nº 2, 2005, p. 231-269.

MARTINS, Wilson. *História da inteligência brasileira*, vol. VII (1933-1960). São Paulo: Editora Cultrix, 1979.

MELLO FRANCO, Bernardo. *Mil dias de tormenta: a crise que derrubou Dilma e deixou Temer por um fio*. São Paulo: Objetiva, 2018.

MELLO, Maria Tereza Chaves de. *A República consentida*. Rio de Janeiro: Editora FGV, 2007.

MICELI, Sérgio (org.). *O que ler na ciência social brasileira (1970-1995)*. São Paulo, Brasília: Anpocs, Sumaré, Capes, 1999.

_____. *Intelectuais à brasileira*. São Paulo, Companhia das Letras, 2000.

MORAES, João Quartim de et al. (orgs.). *História do marxismo no Brasil*. Campinas: Editora Unicamp, 2007, 6 vols.

MORSE, Richard. *O espelho de Próspero*. São Paulo: Companhia das Letras, 2000.

NABUCO, Joaquim. *O abolicionismo*. Petrópolis: Vozes, 1988.

NICOLAU, Jairo. *Dados eleitorais do Brasil (1982-1996)*. Rio de Janeiro: Revan/Iuperj, 1998.

NOVAES, Adauto (org.). *A crise da razão*. São Paulo Companhia das Letras, 1996.

_____. *A crise do Estado-nação*. Rio de Janeiro: Civilização Brasileira, 2003.

_____. *O silêncio dos intelectuais*. São Paulo: Companhia das Letras, 2006.

_____. *O esquecimento da política*. Rio de Janeiro: Agir, 2007.

_____. *Mutações: ensaios sobre as novas configurações do mundo*. São Paulo: Agir/Edições Sesc São Paulo, 2008.

NOBRE, Marcos. *Choque de democracia: razões da revolta*. São Paulo: Companhia das Letras, 2013.

_____. *Imobilismo democrático: da abertura democrática ao governo Dilma*. São Paulo: Companhia das Letras, 2013.

OLIVEIRA, Francisco de. *Crítica à razão dualista*. São Paulo: Boitempo, 2003.

_____; PAOLI, Maria Céli (orgs.). *Os sentidos da democracia: políticas do dissenso e hegemonia global*. Petrópolis: Vozes, 1999.

OLIVEIRA VIANA, José Francisco de. *O idealismo da Constituição*. São Paulo: Companhia Editora Nacional, [1927] 1939.

_____. *Instituições políticas brasileiras*. Brasília: Senado Federal, 1999.

_____. *Populações meridionais do Brasil*. Brasília: Edições do Senado Federal, 2005.

OTONI, Teófilo. *Notícias sobre os selvagens do Mucuri*. Belo Horizonte: Editora UFMG, 2002.

PANCERA, Gabriel. *Maquiavel entre Repúblicas*. Belo Horizonte: Editora UFMG. 2010.

PAXTON, Robert O. *Le fascisme en action*. Paris: Éditions du Seuil, 2004.

PECAULT, Daniel. *Os intelectuais e a política no Brasil*. São Paulo: Ática, 1990.

PINTO, Céli Regina Jardim. *A banalidade da corrupção: uma forma de governar o Brasil*. Belo Horizonte: Editora UFMG, 2011.

PRADO JÚNIOR, Caio. *História econômica do Brasil*. São Paulo: Brasiliense, [1945] 1977.

_____ . *Evolução política do Brasil: Colônia e Império*. São Paulo: Brasiliense, 1987.

_____ . *Formação do Brasil contemporâneo: Colônia*. São Paulo: Brasiliense, [1942] 1994.

_____ . *A revolução brasileira*. São Paulo: Companhia das Letras, 2014.

QUEIROZ, Maria Isaura Pereira de. "O coronelismo numa interpretação sociológica", in FAUSTO, Boris (org.). *O Brasil republicano: estrutura de poder e economia (1889-1930)*, p. 153-190.

REIS, Fábio Wanderley. *Política e racionalidade: problemas de teoria e método de uma sociologia crítica da política*. Belo Horizonte: Editora UFMG, 2000.

_____ . *"Huit clos* no Chile e ciência política no Brasil", in AVRITZER, Leonardo; MILANI, Carlos R. S.; BRAGA, Maria do Carmo (orgs.). *A ciência política no Brasil: 1960-2015*. Rio de Janeiro: Editora da FGV, 2016, cap. 1.

REZENDE, Maria José de. "A democracia no Brasil: um confronto entre as principais perspectivas teóricas na primeira metade do século XX", *Revista Mediações*, vol. 1, nº 1, 1996, p. 29-39.

RICUPERO, Bernardo. *Caio Prado Jr. e a nacionalização do marxismo no Brasil*. São Paulo: 34, 2000.

_____ . "Caio Prado Júnior e o lugar do Brasil no mundo", in BOTELHO, André; SCHWARCZ, Lilia Moritz (orgs.). *Um enigma chamado Brasil*. São Paulo: Companhia das Letras, 2009, p. 226-239.

RODRIGUES, Leôncio Martins "Sindicalismo e classe operária, 1930-1964", in FAUSTO, Boris (org.). *História geral da civilização brasileira*. São Paulo: Difel, 1984, t. III: O Brasil republicano, vol. II: Sociedade e instituições (1889-1930).

SAES, Guillaume Azevedo Marques de. "O pensamento político de Virgínio Santa Rosa: um esboço interpretativo", *Revista de História*, nº 161, 2009, p. 145-163.

SAFATLE, Vladimir. *Grande Hotel Abismo: por uma reconstrução da teoria do reconhecimento*. São Paulo: Martins Fontes, 2012.

_____. *O circuito dos afetos: corpos políticos, desamparo e o fim do indivíduo*. Belo Horizonte: Autêntica, 2016.

_____. "Manifestações como as de 2013 provavelmente se repetirão", Folha de S. Paulo, 1º set. 2017, p. 3.

_____. *Só mais um esforço*. São Paulo: Três Estrelas, 2017.

SANTA ROSA, Virgínio. *O sentido do tenentismo*. São Paulo: Alfa Omega, 1976.

SANTOS, Fabiano. "Governos de coalizão no sistema presidencial: o caso do Brasil sob a égide da Constituição de 1988", in AVRITZER, Leonardo; ANASTASIA, Fátima (orgs.). *Reforma política no Brasil*. Belo Horizonte: Editora UFMG-PNUD, 2006, p. 220-231.

_____; SZWAKO, José. "Impasses políticos e institucionais no cenário atual", in BOTELHO, André; STARLING, Heloisa Murgel (orgs.). *República e democracia: impasses do Brasil contemporâneo*. Belo Horizonte: Editora UFMG, 2017, p. 49-64.

SANTOS, Wanderley Guilherme dos. *Ordem burguesa e liberalismo político no Brasil*. São Paulo: Duas Cidades, 1978.

_____. "Poliarquia em 3D", *Dados – Revista de Ciências Sociais*, vol. 41, nº 2, 1998, p. 207-281.

_____. *Roteiro bibliográfico do pensamento político-social brasileiro (1870-1965)*. Belo Horizonte: Editora UFMG, 2002.

_____. *A democracia impedida: o Brasil no século XXI*. Rio de Janeiro: Editora da FGV, 2017.

SCHWARCZ, Lilia Moritz. *O espetáculo das raças: cientistas, instituições e a questão racial no Brasil do século XIX*. São Paulo: Companhia das Letras, 1993.

_____. *Nem preto nem branco, muito pelo contrário: cor e raça na sociabilidade brasileira*. São Paulo: Claro Enigma, 2013.

_____. *Lima Barreto: triste visionário*. São Paulo: Companhia das Letras, 2017.

_____ . *Sobre o autoritarismo brasileiro*. São Paulo: Companhia das Letras, 2019.

_____ ; BOTELHO, André. Simpósio: cinco questões sobre o pensamento social brasileiro, *Lua Nova – Revista de Cultura e Política*, nº 82, 2011, p. 139-159.

_____ ; STARLING, Heloisa Murgel. *Brasil: uma biografia*. São Paulo: Companhia das Letras, 2015.

SEVCENKO, Nicolau. *A literatura como missão: tensões e criação cultural na Primeira República*. São Paulo: Brasiliense, 1983.

SINGER, André. *Os sentidos do lulismo: reforma gradual e pacto conservador*. São Paulo: Companhias das Letras, 2012.

_____ et al. *Democracia em risco?* São Paulo: Companhia das Letras, 2019.

_____ . *O lulismo em crise: um quebra-cabeça do período Dilma (2011-2016)*. São Paulo: Companhia das Letras, 2018.

STARLING, Heloisa Murgel. *Lembranças do Brasil: teoria política, historia e ficção em Grande sertão: veredas*. Rio de Janeiro: Revan, 1999.

_____ . *Ser republicano no Brasil Colônia*. São Paulo: Companhia das Letras, 2018.

_____ et al. (orgs.). *Pensando a democracia, a República e o estado de direito no Brasil*. Belo Horizonte: Projeto República UFMG, 2019.

_____ ; CAVALCANTE, Berenice; EISENBERG, José (orgs.). *Decantando a República: inventário histórico e político da canção popular moderna brasileira*. Rio de Janeiro: Nova Fronteira, 2004, 3 vols.

TACKETT, Timothy. *Par la volonté du peuple*. Paris: Albin Michel, 1997.

TOCQUEVILLE, Alexis de. *De la démocratie en Amérique I*. Paris: Garnier-Flammarion, 1981.

TOLEDO, Caio Navarro de. *Iseb: fábrica de ideologias*. São Paulo: Ática, 1978.

TORRES, Alberto. *Ordem e democracia*. Rio de Janeiro: Imprensa Nacional, 1936.

_____ . *O problema nacional brasileiro*. São Paulo: Companhia Editora Nacional, 1938.

VIANNA, Luiz Werneck. "A institucionalização das ciências sociais e a reforma social: do pensamento social à agenda americana de pesquisa", in *A revolução passiva: iberismo e americanismo no Brasil*. Rio de Janeiro: Revan, 1997.

_____. *A revolução passiva: iberismo e americanismo no Brasil*. Rio de Janeiro: Revan, 1997.

_____. "Americanistas e iberistas: a polêmica de Oliveira Vianna com Tavares Bastos", in *A revolução passiva: iberismo e americanismo no Brasil*. Rio de Janeiro: Revan, 1997, p. 125-171.

_____. *Liberalismo e sindicato no Brasil*. Belo Horizonte: Editora UFMG, 2000.

_____. "O Estado Novo e a ampliação autoritária da República", in CARVALHO, Maria Alice Rezende de (org.). *República no Catete*. Rio de Janeiro: Museu da República, 2001, p. 111-153.

_____. "Raymundo Faoro e a difícil busca do moderno no país da modernização", in BOTELHO, André; SCHWARCZ, Lilia Moritz (orgs.). *Um enigma chamado Brasil*. São Paulo: Companhia das Letras, 2009, p. 366-377.

VIEIRA, Oscar Vilhena. *A batalha dos poderes: da transição democrática ao mal-estar constitucional*. São Paulo: Companhia das Letras, 2018.

WEFFORT, Francisco. *Por que democracia?* São Paulo: Brasiliense, 1984.

_____. *Formação do pensamento político brasileiro*. São Paulo: Ática, 2006.

**Sobre o autor**

Este livro foi editado pela Bazar do Tempo
em julho de 2020, na cidade de São Sebastião
do Rio de Janeiro, e impresso em papel
Pólen Bold 90 g/m² pela gráfica BMF. Foram
usados os tipos Silva Text e Neue Plak.

Newton Bignotto é professor titular de Filosofia da Universidade Federal de Minas Gerais (UFMG) e pesquisador do Conselho Nacional de Desenvolvimento Científico e Tecnológico (CNPq). Defendeu sua tese de doutorado sobre Maquiavel, em 1989, na École de Hautes Études en Sciences Sociales, Paris, sob a direção de Claude Lefort. Dentre outros, publicou os livros *Matrizes do republicanismo* (2014); *As aventuras da virtude* (2010), *Republicanismo e realismo: um perfil de Francesco Guicciardini* (2006); *Origens do republicanismo moderno* (2001); *Pensar a República* (org.) (2000); *O tirano e a cidade* (1998) e *Maquiavel republicano* (1991).